この ドリルでは マインクラフトの なかまたちと いっしょに かん字の もんだいに チャレンジするよ。

みんなも 学校で かん字を べんきょうして いるよね。

もしかしたら むずかしいと おもって いるかもしれないね。でも 大じょうぶ！

この ドリルに とりくめば まるで ゲームで あそぶみたいに たのしく かん字を 学べるよ。

ドリルを といていくうちに 本を よんだり かん字を つかった文を かいたり することが たのしく なって くるよ。

さあ さっそく ドリルに とりくんで いこう！

本書は、制作時点での情報をもとに作成しています。本書発売後、「Minecraft」の内容は、Minecraft公式の書籍ではありません。Minecraftのブランドガイドラインに基づき、企画・出版しNotchKは本書に関してまったく責任はありません。本書の発行を可能とした Microsoft 社、M

JN040155

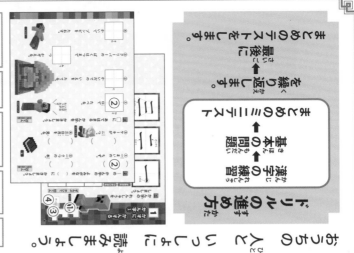

ドリルの使い方

ドリルのすすめ方

おうちの 人と いっしょに 読みましょう。

かん字の れんしゅう
↓
きほんの もんだい
↓
まとめテスト

まとめテストは さいごに くりかえしを します。

① 勉強した 日づけを 書きましょう。

② 答えは □の 中に 書きましょう。他は 答えを 書きましょう。

③ 問題が 終わったら、答えを 見て、丸つけを しましょう。同じ 問題で 一〇〇点に なるまで、答えを 書き直しましょう。

④ 点数を 書きましょう。

※ 一ページだけでも 漢字が 同じだけでも 役に立つように、八十ページ（75〜80ページ）の ルールを 貼りつけて おきましょう。ちもの 方はよろしくおねがいします。

もくじ

かきじゅんの すう字を 見ながら ていねいに かきましょう。

オウム

すう字の かきじゅんは
どおりに かこう！

アレックス

音よみは みぎの カタカナ、くんよみは ひらがなです。

青い いろの 文字は おくりがなです。

※音よみ：むかしの 中ごくの 音を もとにした よみかた。
※くんよみ：日本の ことばに あてはめて よむ よみかた。
※（ ）の よみかたは 小学校では ならわない よみかたです。

つかいかたの れいです。

ほかの ことばの あとに つく とき 「さ立ち」の 「立」のように にごる音に なる ことが あります。

すう字は かきじゅんです。→は かくを しめして います。

つける
ながく

よみかた
たつ（リツ・リュウ）
たてる

つかいかた
立（リツ）
立つ たつ
さ立ち
かだい立ち

5かく　一 ナ 十 立 立

かくときに ちゅういする ところを しめて います。

ぜんぶで なんかくで かく（かくすう）を あらわして います。

一かく目から かきあげるまでの じゅんを あらわして います。

スティーブ

ストライダー

かんじに なったよ！
かいてみよう！

※おうちの 方へ：「とめ」「はね」「はらい」について いろいろな 指導が なされています。本ドリルでは はじめて 漢字を 学ぶ お子さまが どこに 注意したらよいかを 示すためのポイントと 考えて 説明しています。

一年生でならうかん字をあつめます。□の中の字をいろえんぴつでなぞってみましょう。見本ページをみながらなぞってみましょう。

※右のカタカナは音よみです。左のひらがなはくんよみです。青い色の文字はおくりがなです。

天（あま・テン）[32]	夕（ゆう・セキ）[32]	町（まち・チョウ）[28]	花（はな・カ）[28]	休（やすむ・キュウ）[28]
本（もと・ホン）[28]	火（ひ・カ）[26]	木（き・ボク）[26]	水（みず・スイ）[26]	土（つち・ド）[24]
川（かわ・セン）[24]	入（いる・ニュウ）[24]	見（みる・ケン）[20]	足（あし・ソク）[20]	耳（みみ・ジ）[20]
目（め・モク）[20]	立（たつ・リツ）[18]	手（て・シュ）[18]	口（くち・コウ）[18]	青（あお・セイ）[16]
赤（あか・セキ）[16]	白（しろ・ハク）[16]	金（かね・キン）[14]	糸（いと・シ）[14]	右（みぎ・ウ）[14]
十（とお・ジュウ）[10]	九（ここの・キュウ）[10]	八（や・ハチ）[10]	七（なな・シチ）[10]	六（む・ロク）[8]
五（いつ・ゴ）[8]	四（よ・シ）[8]	三（み・サン）[6]	二（ふた・ニ）[6]	一（ひと・イチ）[6]

32 ゲツ 月 つき	34 ニチ 日 ひ	34 キ 気	34 クウ 空 そら	34 ウ 雨 あめ
36 ジン 人 ひと	36 サン 山 やま	36 チク 竹 たけ	38 ソン 村 むら	38 リン 林 はやし
38 ソウ 草 くさ	38 シン 森 もり	42 ダイ 大 おお	42 チュウ 中 なか	42 ショウ 小 ちいさい
44 ジョウ 上 うえ	44 カ 下 した	44 サ 左 ひだり	44 ウ 右 みぎ	46 リョク 力 ちから
46 セイ 正 ただしい	46 シュツ 出 でる	48 ソウ 早 はやい	48 シャ 車 くるま	48 オン 音 おと
52 ジョ 女 おんな	52 ブン 文	52 セイ 生 いきる	52 ジ 字	54 セン 先 さき
54 ネン 年 とし	56 メイ 名 な	56 ダン 男 おとこ	56 ガク 学 まなぶ	56 コウ 校
60 セン 千 ち	60 エン 円 まるい	60 ギョク 玉 たま	60 ヒャク 百	62 シ 子 こ
62 オウ 王	62 ケン 犬 いぬ	64 デン 田 た	64 チュウ 虫 むし	64 貝 かい

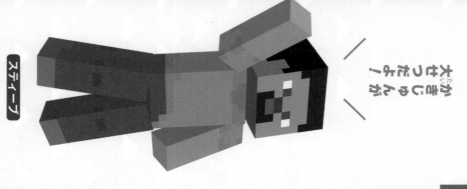

スティーブ

大きく　はっきり　かこうよ！

3　かく

三

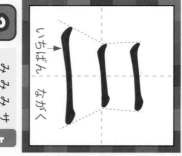

いちばん　ながく

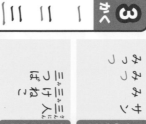

よみかた
サン
み・み(つ)

つかいかた
三人(さんにん)
三つ(みっつ)

2　かく

二

ながく　　みじかく

よみかた
ニ
ふた・ふた(つ)

つかいかた
二本(にほん)
二月(にがつ)

1　かく

一

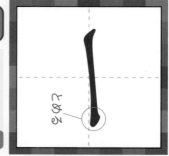

とめる

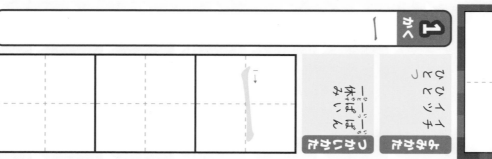

よみかた
イチ・イツ
ひと・ひと(つ)

つかいかた
一年(いちねん)
一月(いちがつ)
一日(ついたち)

1　かん字の　れんしゅうを　しよう。

ぜんぶ　かけて　６０てん

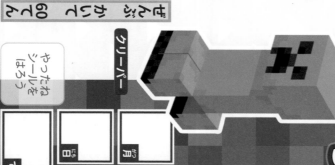

クリーパー

やったね
シールを
はろう

月(がつ)	日(にち)	てん

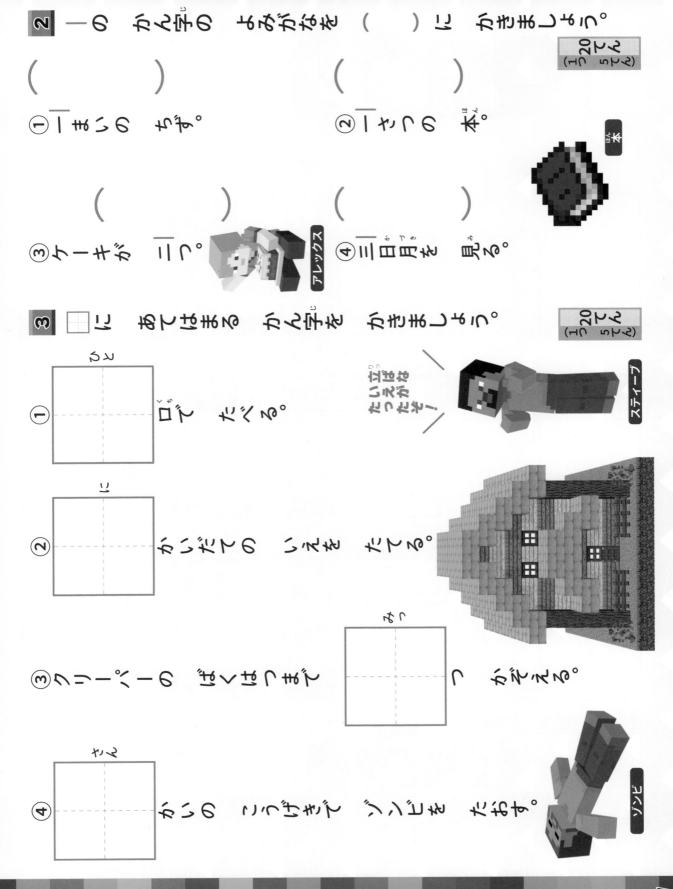

２ —の かん字の よみがなを （　）に かきましょう。

(1つ20てん 5てん)

（　　　　　）　　　　　　（　　　　　）

① —まいの ちず。　　② —さつの 本。

（　　　　　）　　　　　　（　　　　　）

③ ケーキが 三つ。　　④ 三日月を 見る。

アレックス

本

３ □に あてはまる かん字を かきましょう。

(1つ20てん 5てん)

スティーブ
たい立つ ばねだぞ！

① ひと
□口で たべる。

② に
□かいだての いえを たてる。

③ クリーパーの ばくはつで □□□（みつ）が きえる。

④ きん
□からの いきおいで ゾンビを たおす。

ゾンビ

7

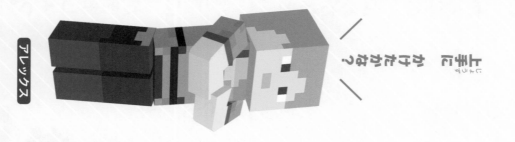

上手に かけたかな?

アレックス

六

かく 4

一 ナ 六

よみかた
ロク・ロッ
むむむむ
（むっつ・むい）

つかいかた
六日
六月

つける
はらう
とめる

五

かく 4

一 T 五 五

よみかた
ゴ
いつ
いつつ

つかいかた
五日
五月

なめ
ながく

四

かく 5

一 口 冂 四 四

よみかた
シ・よ
よん
よっつ

つかいかた
四月
四日
四人

はらう
まげる

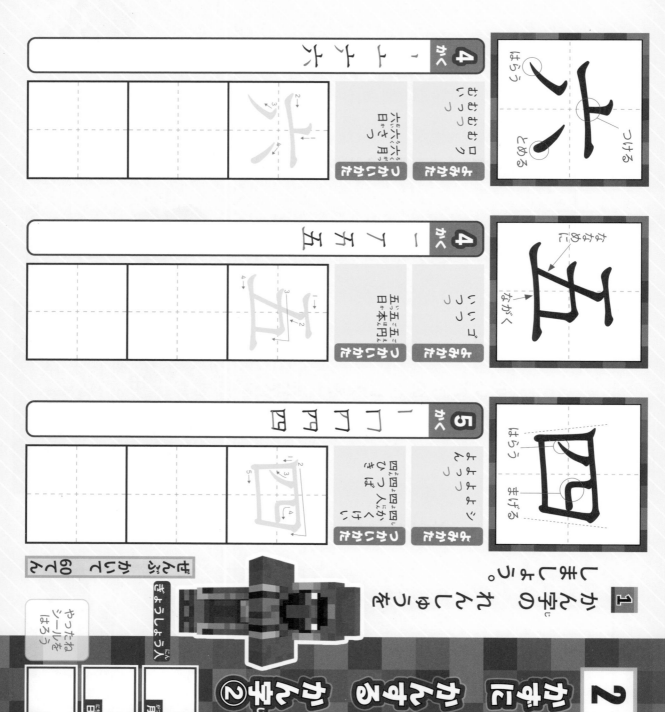

1 かん字の れんしゅうを しましょう。

2 かんじに かんする②

がくしゅうした人

やったね
シールを
はろう

月	日	てん

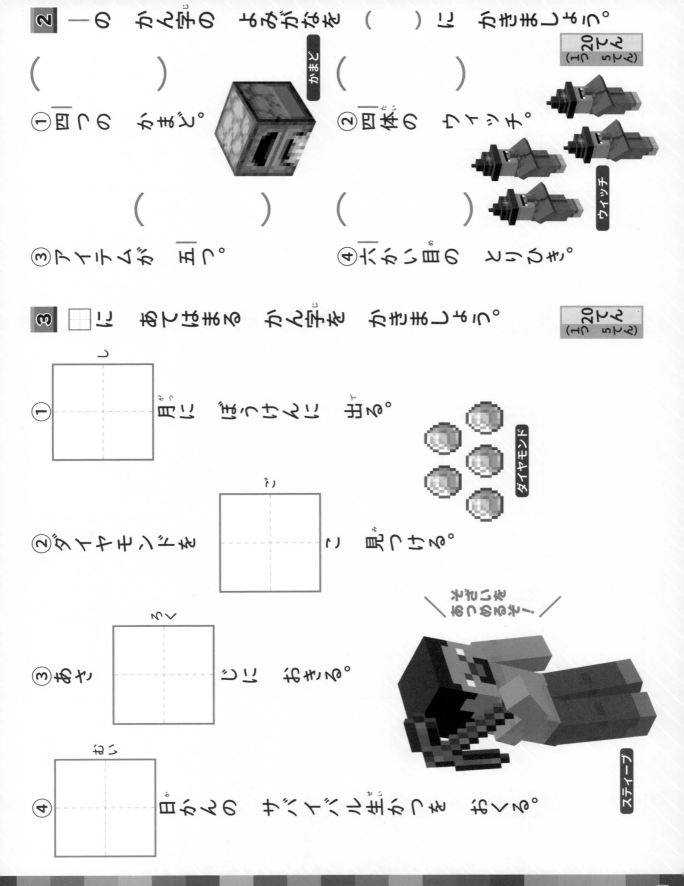

2 ──の かん字の よみがなを（　）に かきましょう。

（1つ20てん／5てん）

①四つの かまど。　　かまど

（　　　　　　）

②四体の ウィッチ。　　ウィッチ

（　　　　　　）

③アイテムが 五つ。

（　　　　　　）

④六から目の とりひき。

（　　　　　　）

3 □に あてはまる かん字を かきましょう。

（1つ20てん／5てん）

①□（げつ）月に ぼうけんに 出る。

②ダイヤモンドを □（ふた）つ 見つける。　　ダイヤモンド

③あさ □（ろく）じに おきる。

④□（むい）日かんの サバイバル生かつを おくる。

ぞむいを あつめるぞ！

スティーブ

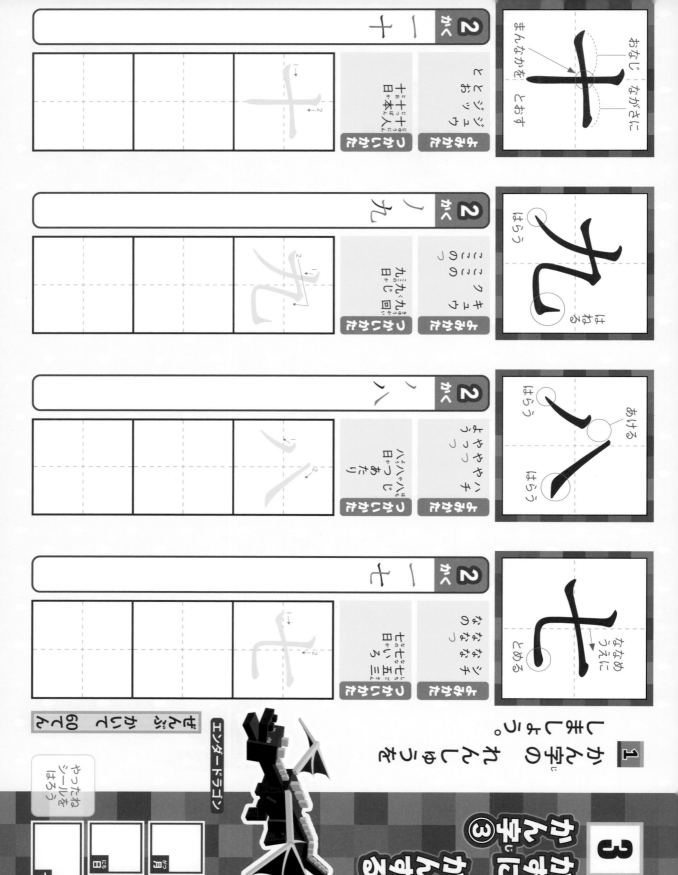

1 かんじの れんしゅうを しましょう。

十 — かく 2
よみかた：ジュウ・ジッ・とお
つかいかた：十・十人・日本人

九 — かく 2
よみかた：キュウ・ク・ここの
つかいかた：九つ・九回・日本じ

八 — かく 2
よみかた：ハチ・やっ・よう
つかいかた：八つ・八日・やつあたり

七 — かく 2
よみかた：シチ・なな・ななつ・なの
つかいかた：七つ・七五三・七日

せんぶ で かんじ 60てん

やったね　シールを はろう

エンダードラゴン

日 にち　月 がつ　てん

2 ──の かん字の よみがなを （ ）に かきましょう。

(1つ 5てん) 20てん

① （　　　　　） 七いろの にじ。

② （　　　　　） 六わの ニワトリ。 ニワトリ

③ （　　　　　） 九この バケツ。 バケツ

④ （　　　　　） 十とうの パンダ。 パンダ

3 □に あてはまる かん字を かきましょう。

(1つ 5てん) 20てん

① □[し] ひきの ネコを つかまえる。 ネコ

② ベルを □[は] から ならす。

③ □[く] 月に ギターに つく。 アレックス ＼かせつたいに つづく！／

④ □[じゅう] 人[にん] □[と] いろの きもちを つく。

※じゅうにんといろ：人それぞれに ちがうこと。

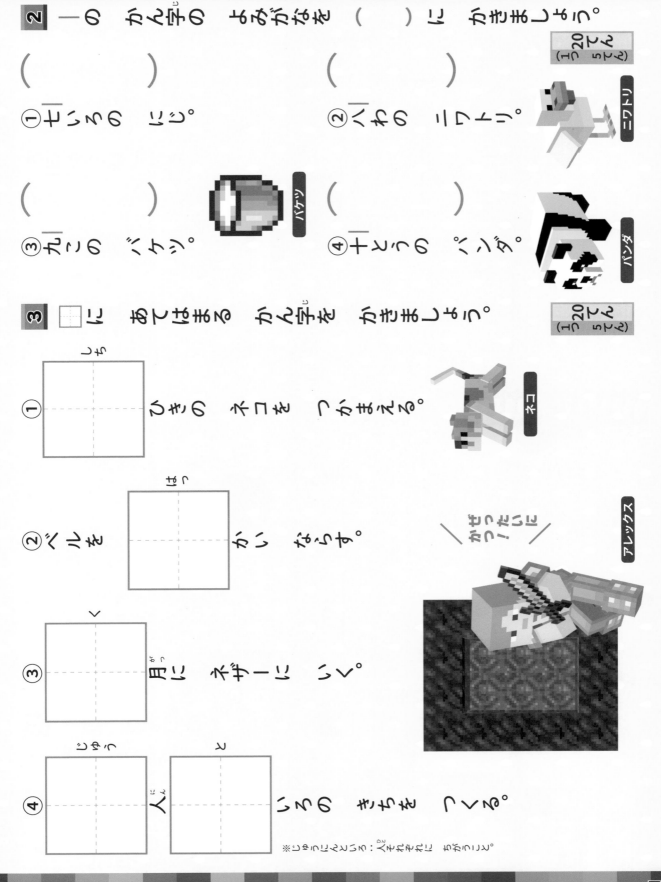

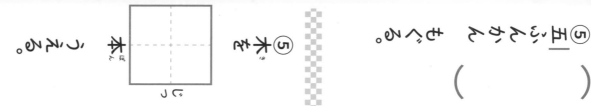

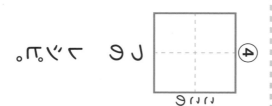

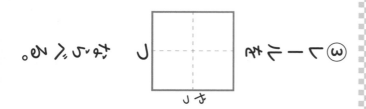

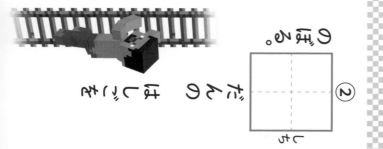

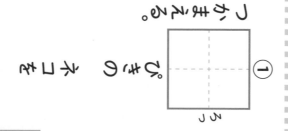

4　まなべる 11のページ　③テスト

1　かん字の よみがなを （　）に かきましょう。　1つ25てん（1）

① ブロックが こ 　。
（　　　　　）

② 二手に わかれる。
（　　　　　）

サンゴブロック

③ 三 の ビジを たおす。
（　　　　　）

④ 四 かい。
（　　　　　）

ビッジ

⑤ 五 じかん もぐる。
（　　　　　）

2　（　）に あてはまる かん字を かきましょう。　1つ25てん（1）

① □〔こ〕　びきの ネコを かぞえる。

② □〔こ〕　だんの はしごを のぼる。

③ □〔セ〕　ルを ならべる。

④ □〔ニ〕　つの ビジ。

⑤ □〔こ〕　木を つかえる。

スティーブ

やったね
シールを
はろう

てん　／　月　日

12

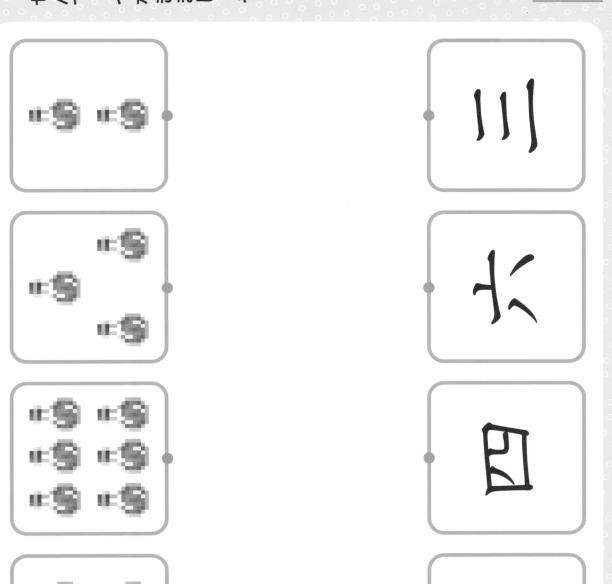

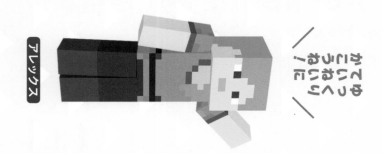

アレックス

かていか
こいぬ
うちねくり
に！

8かく　金

よみかた	つかいかた
キン かね	お金（かね） 金（きん）メダル

6かく　糸

よみかた	つかいかた
いと シ	けいと（毛糸） 糸（いと）

5かく　石

よみかた	つかいかた
いし セキ （シャク） （コク）	小石（こいし） 石（いし）

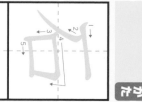

1 かん字の れんしゅうを しましょう。

ぜんぶで 60てん かんせい

ピグリン

やったね
シールを
はろう

てん	日 にち	月 がつ

5

かん字にアイテム4に かえる

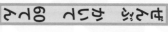

2 ―の かん字の よみがなを （　）に かきましょう。

（1つ20てん）
（1つ 5てん）

（　　　　　　　）　　　（　　　　　　　）

① こくよう石を 見つける。　　② きん糸が つくられる。

こくようせき

金の けん

（　　　　　　　）（　　　　　　　）

③ クモが ドロップした 糸。　④ 金の けんを 手に 入れる。

3 □に あてはまる かん字を かきましょう。

（1つ20てん）
（1つ 5てん）

① [いし]□の オノで 木を きる。

オノ

② じ[しゃく]□を もって 森に 入る。

③ こうげきの [いと]□[ち]ロを 見つける。

スティーブ

きに だー！

④ おう[ごん]□いろに かがやく けんで たたかう。

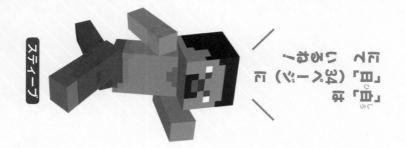

6 いろに かんする かん字

「白」(しろ)は 34ページに いるね！

8 かく 青

一 キ キ キ 青 青 青 青

よみかた	つかいかた
あおい セイ（ジョウ）	青い空 青虫 青年

7 かく 赤

一 十 土 ナ 赤 赤 赤

よみかた	つかいかた
あか あかい あからめる あからむ セキ（シャク）	赤い 赤しんごう

5 かく 白
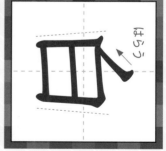
丶 亻 白 白 白

よみかた	つかいかた
しろ しろい しら ハク（ビャク）	白い 空白

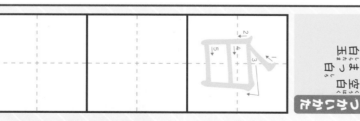

1 かん字の れんしゅうを しましょう。

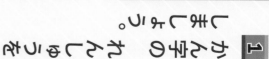

チェック

ぜんぶ かいて 60てん

やったね
シールを
はろう

日
月
てん

② ―の かん字の よみがなを （ ）に かきましょう。

(1つ20てん 5てん)

（　　　　　）　　　　（　　　　　）

①目を 白く させる。　②白ねつした バトル。

（　　　　　）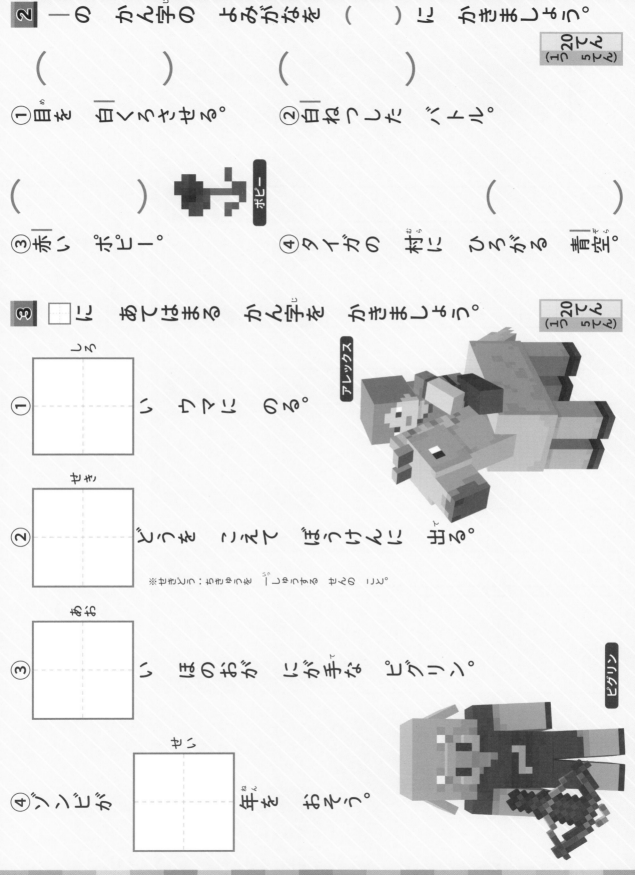（　　　　　）

③赤い ポピー。　④タイガの 村に ひろがる 青空。

③ □に あてはまる かん字を かきましょう。

(1つ20てん 5てん)

アレックス

① □い ウマに のる。

② □うを しえて ぼうけんに 出る。

※せきうん：ちきゅうを 一しゅうする せんの こと。

③ □い ほのおが に手な ピグリン。

ピグリン

④ ゾンビが □年を おそう。

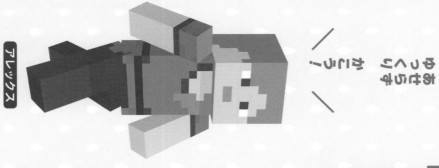

せんを かいてみよう!

7 かたちから かんじに ① かん字

1 かん字を れんしゅうしましょう。

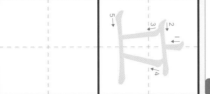

ラヴェジャー

せいかい 60てん

やったね
シールを
はろう

| | 日 にち | 月 がつ | てん |

---

5 かく   一 亠 㐅 立

なが く → ← つける

よみかた	つかいかた
たつ リュウ (リッ) リツ	立ち(たち) 立つ(たつ) さか立ち(さかだち)

---

4 かく   ノ 二 三 手

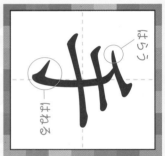

はらう　はねる

よみかた	つかいかた
て (た) ジュ シュ	手(て) 手足(てあし) 手がみ

---

3 かく   丨 冂 口

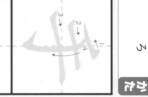

したを せまく

よみかた	つかいかた
くち コウ ク	口(くち) 口べに 人口(じんこう)

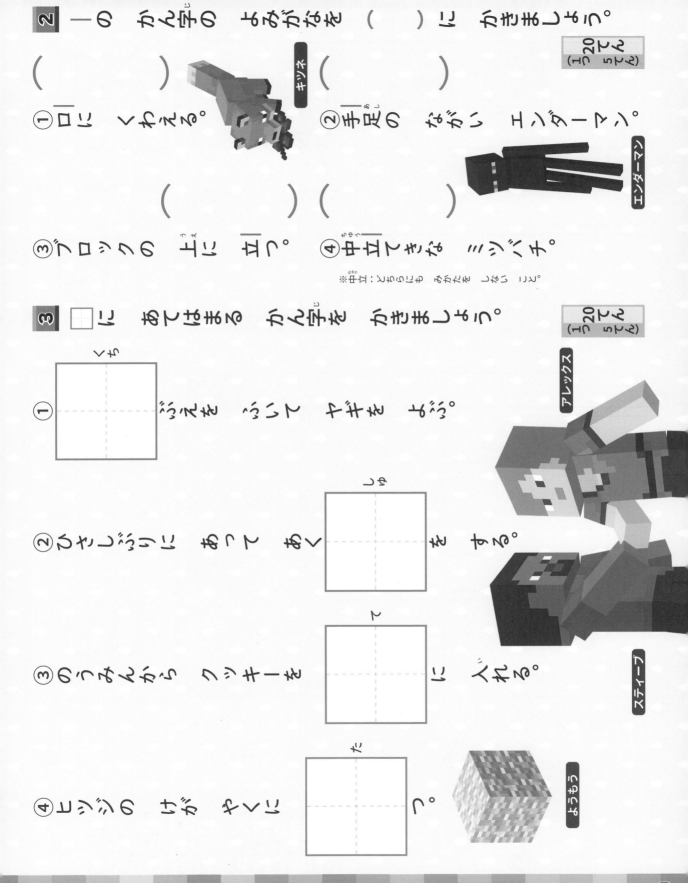

2 ──の かん字の よみがなを （ ）に かきましょう。
（1つ20てん／5てん）

（　　　　　）
① 口に くわえる。　　キツネ

（　　　　　）
② 手足の ながい エンダーマン。　　エンダーマン

（　　　　　）
③ ブロックの 上に 立つ。

（　　　　　）
④ 中立てきな ミツバチ。

※中立：どちらにも かたを しない こと。

3 □に あてはまる かん字を かきましょう。
（1つ20てん／5てん）

アレックス

① 口ぶえを ふいて 牛を よぶ。　（くち）

② ひさしぶりに あって あく手を する。　（しゅ）

スティーブ

③ のうみんから クッキーを 手に 入れる。　（て）

④ ヒツジの けが やくに 立つ。　（た）　ようもう

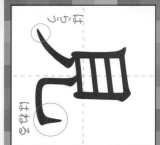

7 かく

一 冂 日 目 貝 貝 見

よみかた：ケン／み（る）・み（える）・み（せる）

つかいかた：見学・見学した・本が見える

7 かく

一 冂 口 口 尸 尸 足 足

よみかた：ソク／あし・た（りる）・た（す）

つかいかた：足あと・足音・足し算

---

6 かく

一 丁 下 下 耳 耳

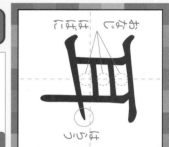

よみかた：ジ／みみ

つかいかた：耳たぶ・耳・耳が空く

---

5 かく

一 冂 冂 目 目

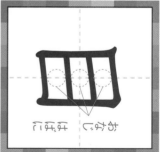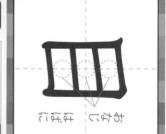

よみかた：モク／（ま）・め（ボク）

つかいかた：目・目玉やき・目ぐすり

---

8 かん字② かたちをおぼえる

1 かん字のれんしゅうをしましょう。

ウォーデン

せんせいからのサイン

やったねシールをはろう

月 こう	日 にち	てん

2 ──の かん字の よみがなを （ ）に かきましょう。 (1つ5てん/20てん)

（　　　　）
①ゾンビと 目が あう。

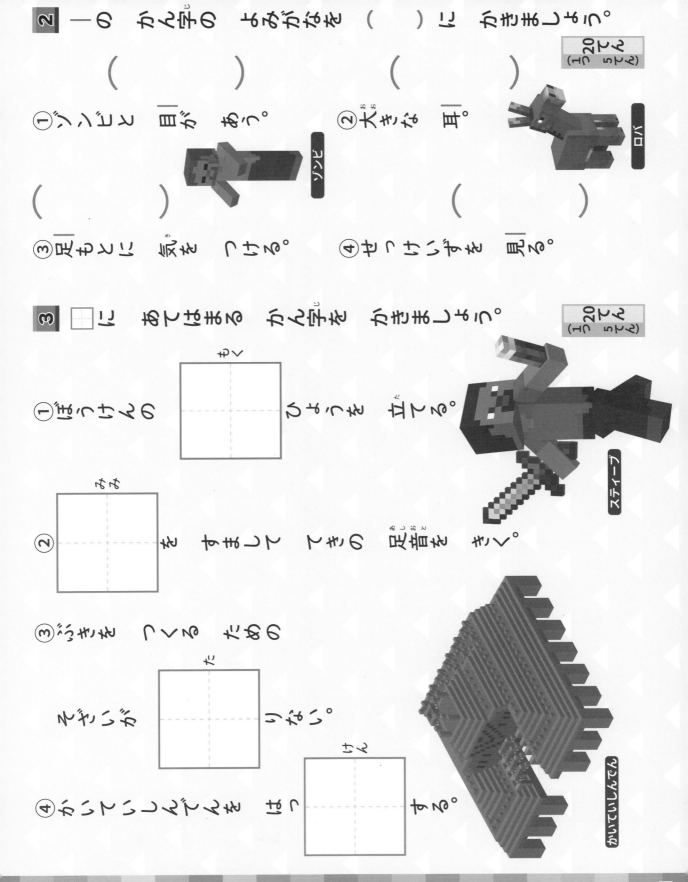

ゾンビ

（　　　　）
②大きな 耳。

ロバ

（　　　　）
③足もとに 気を つける。

（　　　　）
④せっけいずを 見る。

3 □に あてはまる かん字を かきましょう。 (1つ5てん/20てん)

①ぼうけんの 〔もく〕 ひょうを 立てる。

スティーブ

②〔みみ〕 を すまして てきの 足音を きく。

③ぶきを つくる ための ざいりょうが 〔た〕 りない。

かいていしんでん

④かいていしんでんを 〔けん〕 する。

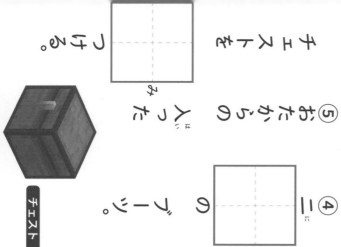

1 （1もん5てん）

14〜21ページで ならった かん字が ただしく かけているかな。──の 上の かん字の よみがなを かきましょう。

① クモが 糸を たらす。（　　　）

② 金のりんごを クラフトする。（　　　）
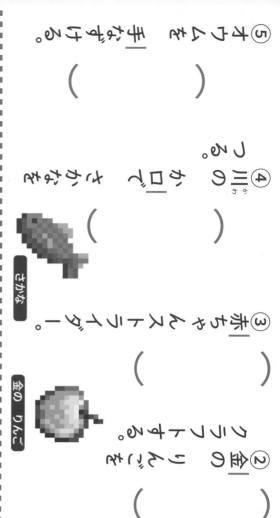
金の りんご

③ 赤ちゃんスケルトン。（　　　）
さかな

④ 川の 入口で さかなを つる。（　　　）

⑤ オウムを 手なずける。（　　　）

2 （1もん5てん）

□に かん字を かきましょう。□は ひらがなで かきましょう。

① とりひきが せいりつする。
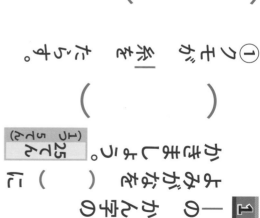
アレックス

② さんを ちに へらに あげる。

③ としょしつの ほんへ たべる。

④ にのページ。

⑤ おたからの チェストから みたいな人 はこに いれる。コツ。
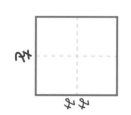
チェスト

やったね
シールを
はろう

| てん | 月　日 |

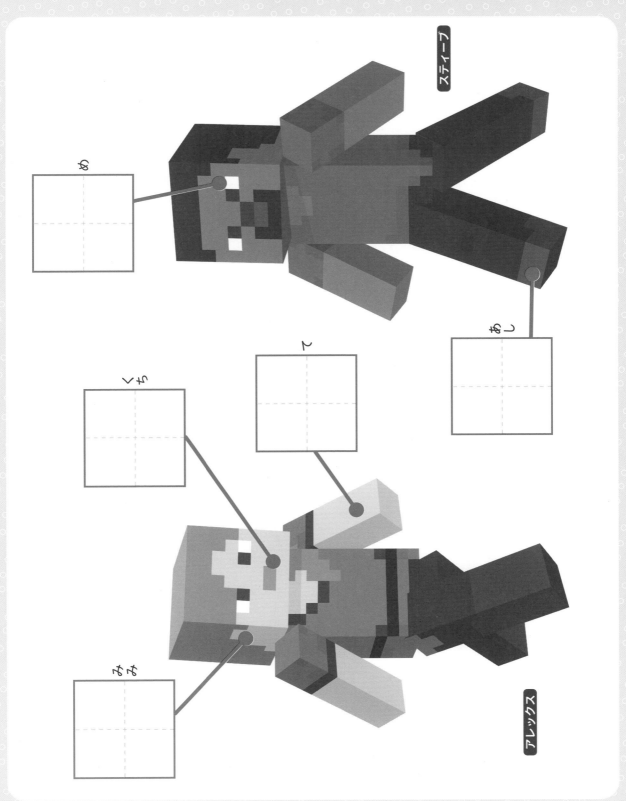

スティーブ

め

あし

くち

て

みみ

アレックス

気をつけながすかへんすいるじょには！

スティーブ

3かく 　一 十 土

なが（く）

よみかた
つち
ド

つかいかた
土ちだ
土むら

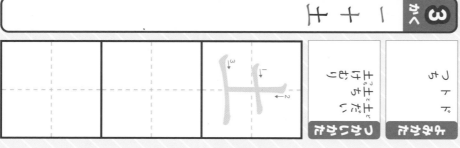

3かく 　ノ 川 川

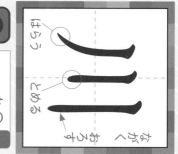

はらう
とめる
ながす
なが（い）

よみかた
かわ
（わ）

つかいかた
川ぞこ
小川

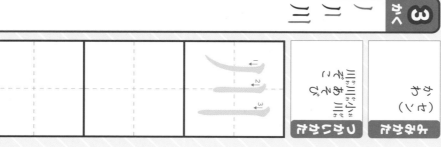

2かく 　ノ 人

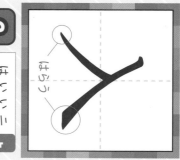

はらう
はらう

よみかた
ひと
ニン
ジン

つかいかた
入いり口
大人

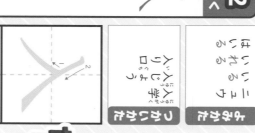

かん字のれんしゅうをしましょう。 1

せん　ぶぶん　かたち　てん

ビリジャー

やったね
シールを
はろう

てん　　日　　月

10
かん字①
かん字に きもちを こめる

24

2 ──の かん字の よみがなを （　）に かきましょう。

（1つ20てん　5てん）

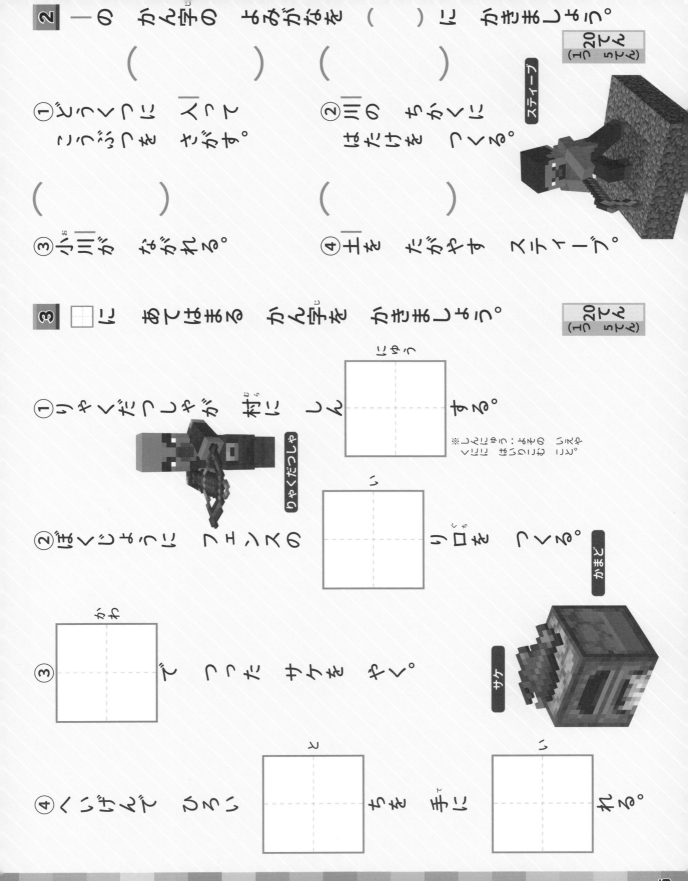

スティーブ

（　　　　　）　　　（　　　　　）

① ふくろに 入って
いくつぶを さがす。

② 川の ちかくに
はたけを つくる。

（　　　　　）　　　（　　　　　）

③ 小川が ながれる。

④ 土を たがやす スティーブ。

3 □に あてはまる かん字を かきましょう。

（1つ20てん　5てん）

① りゃくだつしゃが 村に しん□□する。

りゃくだつしゃ

にゅう

※しんにゅう：ちからづくで
　よそに はいりこむ こと。

② ぼくじょうに フェンスの □□□口を つくる。

い　ぐち

かまど

③ □で とった サケを やく。

かわ

サケ

④ くいけんで ひろい □□ちを 手に □れる。

と　い

4かくの かんじを かいてみよ！

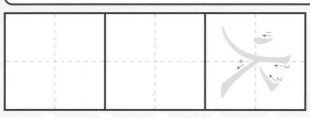

かく4		

よみかた	つかいかた
ひ カ (ほ)	花火 火山 火

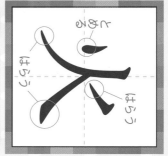

とめる / はらう / はらう

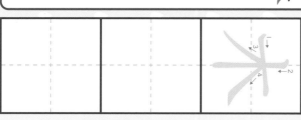

かく4		

よみかた	つかいかた
き モク	木 大木 木かげ

はらう / とめる / はらう / はらう

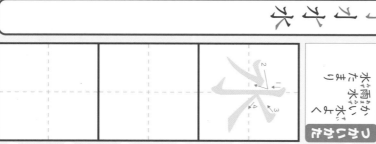

かく4		

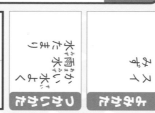

よみかた	つかいかた
みず スイ	水 雨水 水たまり

はなす / はらう / はねる / はらう

せんの うえから じゅんに

プレイズ

1 かんじの かくじゅんを れんしゅう しましょう。

11 かんじ② かんじを れんしゅうする

やったね
シールを
はろう

がつ	にち	てん

2 ―の かん字の よみがなを （　）に かきましょう。

（1つ20てん　5もん）

（　　　　　）　　　　　（　　　　　）

① バケツで 水を くむ。　② 水中にきゅうの ポーション。

（　　　　　）　　　　　（　　　　　）

③ 木たんを つくる。　　　④ だんろに 火を つける。

木たん　｜　ポーション

3 □に あてはまる かん字を かきましょう。

（1つ20てん　5もん）

① エンダーマンは　[みず]□　が にが手。

スティーブ

② にわに サクラの　[き]□　を うえる。

サクラ

③ ツルハシを つかって げん[ぼく]□　を あつめる。

④ TNT　[か]□　やくを つかう。

TNT かやく

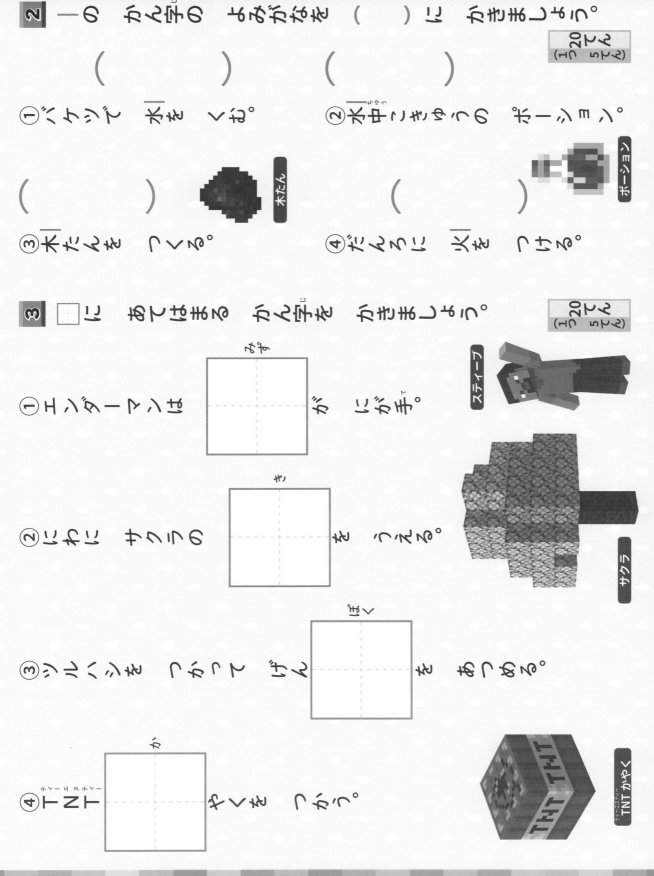

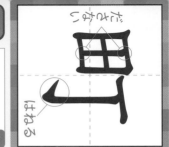
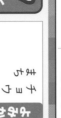

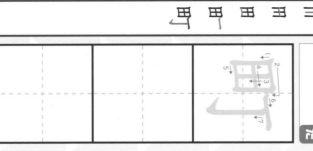

町 チョウ／まち 7かく

一 丁 田 田 町 町

町は 町ちょうない 町なみ

花 カ／はな 7かく

一 十 廾 艹 芢 花 花

花は 花びらを 見た はなだん

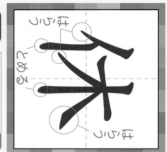
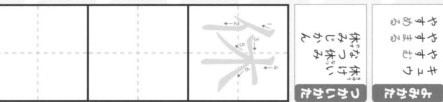

休 キュウ／やすむ 6かく

一 亻 亻 什 休

休みじかん 休やすむ 休み

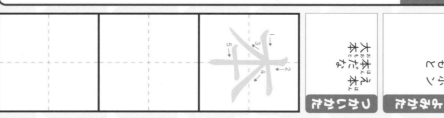

本 ホン／もと 5かく

一 十 オ 木 本

大おおきな本 本ほんだな 本

ぜんぶ かけたら てん の ひょうか

やったね シールを はろう

ムーシュルーム

にち 日　がつ 月　てん

12 かん字③ かんじに かんする

かきじゅんに きをつけて かんじを れんしゅう しましょう。

28

2 ──の かん字の よみがなを （ ）に かきましょう。 (1つ20てん 5てん)

②のつづきを

（ ）

① 大（おお）本と なる たからの ちず。

（ ）

② 休（やす）む。

（ ）

③ 花（び）火を たのしむ。

花火

（ ）

④ 町（まち）を さんぽする。

3 □に あてはまる かん字を かきましょう。 (1つ20てん 5てん)

① □（ほん）の たいまつに 火を つける。

スティーブ

② ひつようで □（きゅう）日を たのしむ。

③ おしゃれな □（か）だんを つくる。

かだん

④ □（まち）の 中（なか）を はしる クリーパー。

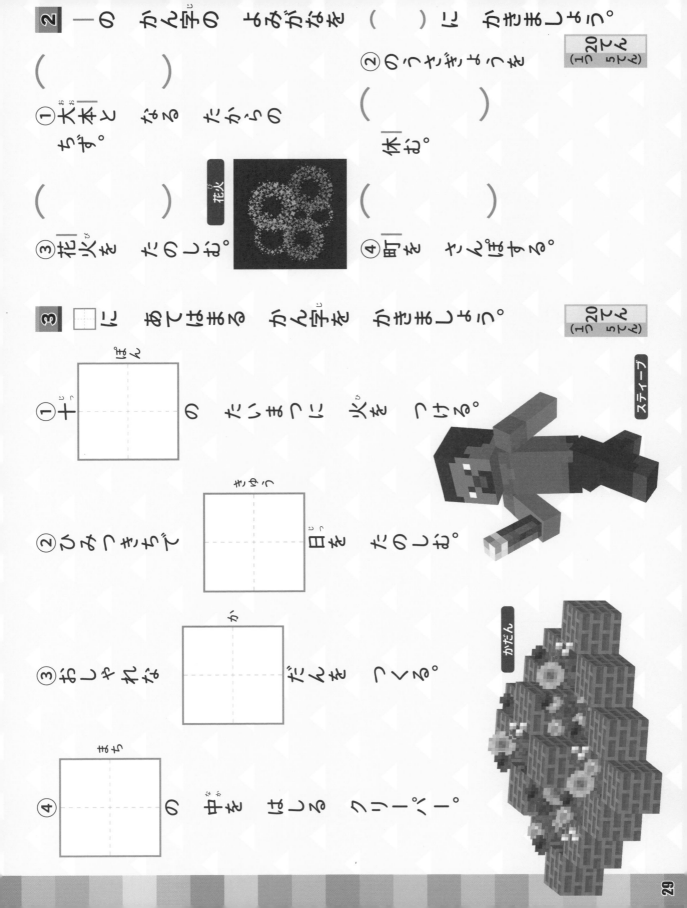

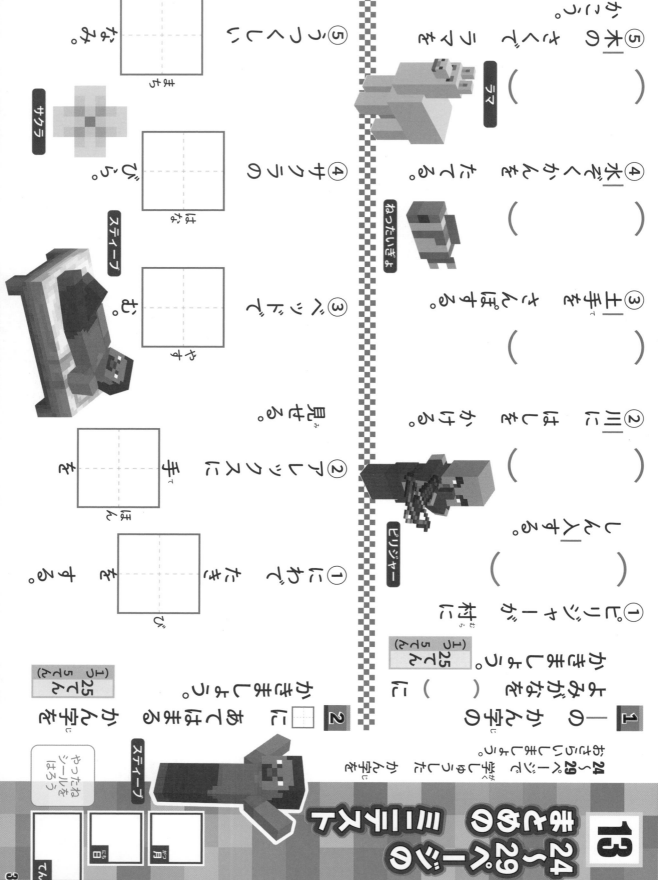

1

24〜29ページで
べんきょうした かん字を
おもいだして、□の いみに
あう かん字を、（　）に
かきましょう。（1もん5てん）

① ビリジャーが 村に
（　　　）してくる。

ラマ
② 川に はしを かける。
（　　　）

ねったいぎょ
③ 土手を さんぽする。
（　　　）

ビリジャー
④ 水がへる。
（　　　）

⑤ 木のへ を
（　　　）

2

□に あう かん字を
かきましょう。（1もん5てん）

① □にわで たき□
を 見せる。

アレックスに
□手を
見せる。

② □に
を。

③ ③ペンで □
むす。

スティーブ

④ サクラの
はな。

サクラ

⑤ □まち
な。

スティーブ
やったね
シールを
はろう

月
日
てん

3 ４かいで かく かん字を 見つけて （ ）に
○を つけましょう。

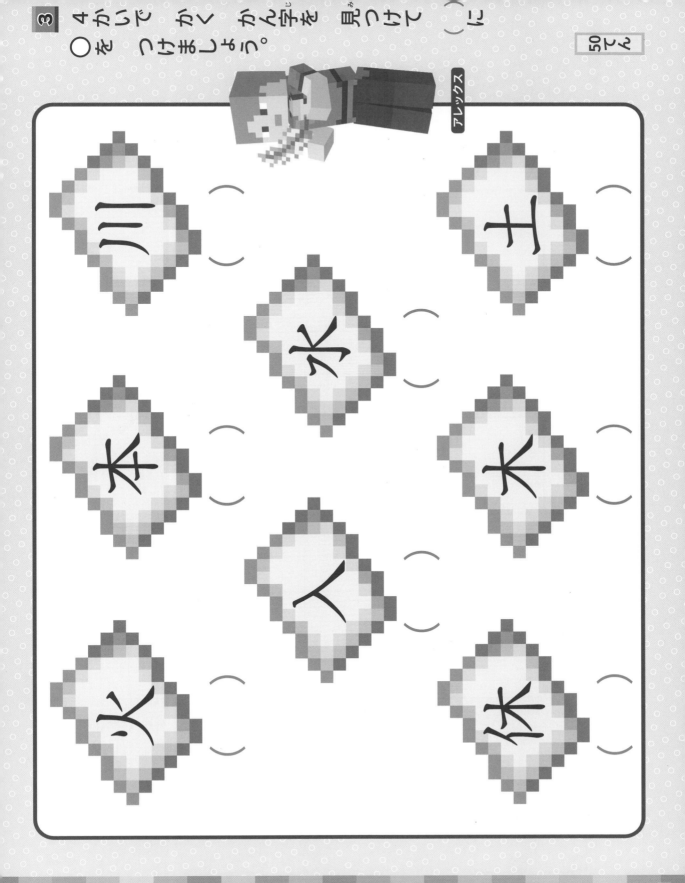

アレックス

「つきを見たいら あそぼう！」

スティーブ

月

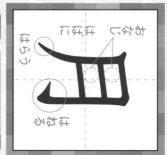

おなじ はばに はらう
はねる

4かく

丿) 刀 月

よみかた	つかいかた
ゲツ ガツ つき	月（ガツ）正月（しょうがつ）月見（つきみ）三日月（みかづき）

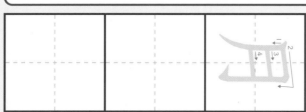

天

うえを ながく みじかく はらう

4かく

一 二 チ 天

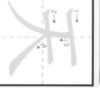

よみかた	つかいかた
テン あま（め）	天（テン）天才（てんさい）天気（てんき）天の川（あまのがわ）

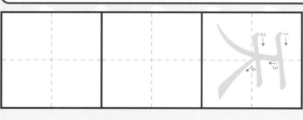

夕

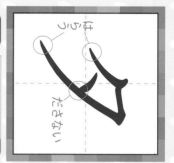

はらう はらう だささない

3かく

丿 勹 夕

よみかた	つかいかた
ゆう（き）	夕（ゆう）夕方（ゆうがた）七夕（たなばた）

1 かんじの れんしゅうを しましょう。

オオカミ

ぜんぶ かいて 60てん

やったね シールを はろう

月 がつ	日 にち	夕 てん

14 天気に かんする かんじ①

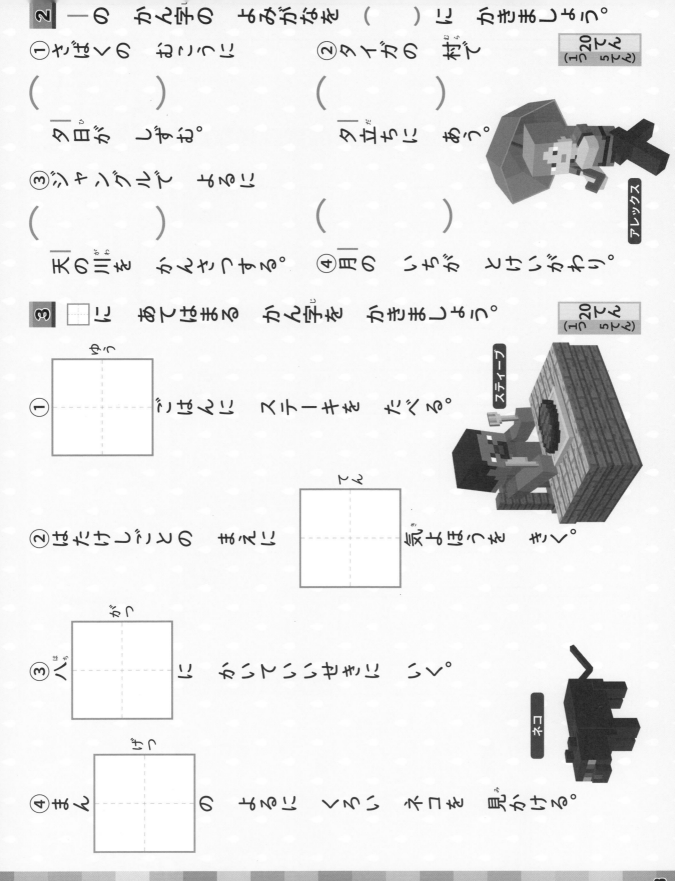

2 ─の かん字の よみがなを（　）に かきましょう。

（1つ20てん / 5てん）

①さばくの むこうに

（　　　　　　　）

夕日が しずむ。

②タイガの 村で

（　　　　　　　）

夕立ちに あう。

アレックス

③ジャングルで よるに

（　　　　　　　）

天の川を かんさつする。

④月の いちが とけいがわり。

3 □に あてはまる かん字を かきましょう。

（1つ20てん / 5てん）

①ゆう □ ごはんに ステーキを たべる。

スティーブ

②はたけしごとの まえに □ てん 気よほうを きく。

③八 □ がつ に からっぽきゃに いく。

ネコ

④まん □ げつ の ように くろい ネコを 見かける。

雨

8かく

一 ｜ 一 ｢ 币 币 両 雨 雨

よみかた　おん ウ　あめ　あま

つかいかた　大雨おおあめ・雨水あまみず・雨天うてん

空

8かく

丶 ｀ 宀 宀 穴 空 空 空

よみかた　おん クウ　そら・あく・から・あける

つかいかた　青空あおぞら・空気くうき・空き

気

6かく

丶 ｀ 二 气 气 気

よみかた　おん キ・ケ

つかいかた　気分きぶん・元気げんき・気

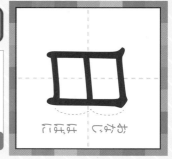

日

4かく

｜ 冂 日 日

よみかた　おん ニチ・ジツ　ひ・か

つかいかた　三日みっか・日本にほん・日日

かんじの ひつじゅんを れんしゅう しましょう。

1

15 かんじ② 天気てんきに かんする

ぜんぶで 60てん かんじ

ガスト

やったね シールを はろう

日　月　てん

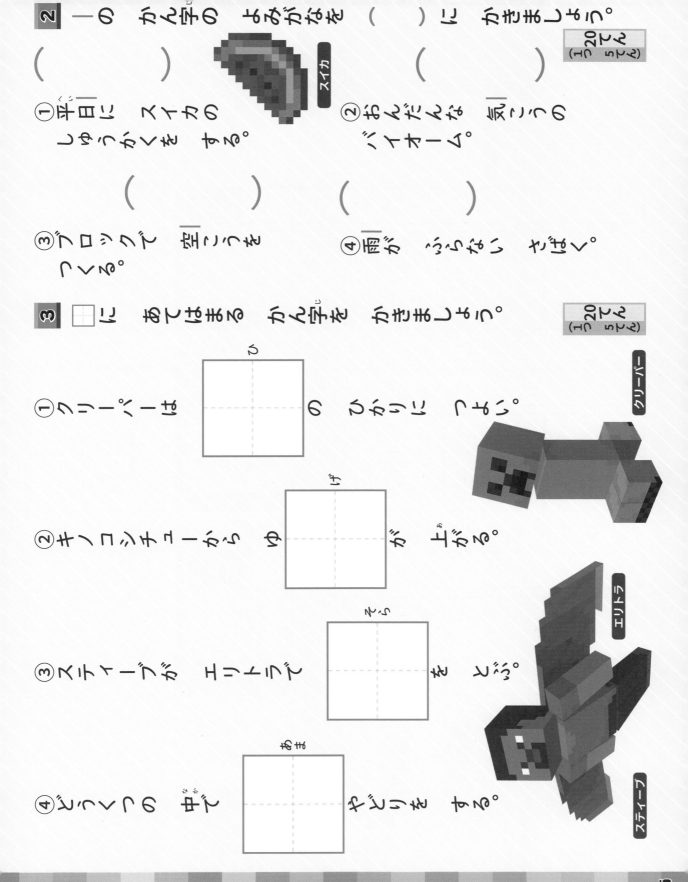

2 ─の かん字の よみがなを （ ）に かきましょう。

(一つ5てん) 20てん

（　　　　　）

スイカ

①平日に スイカの
しゅうかくを する。

（　　　　　）

②おんだんな 気こうの
バイオーム。

（　　　　　）

③ブロックで 空いえを
つくる。

（　　　　　）

④雨が ふらない 火ばく。

3 □に あてはまる かん字を かきましょう。

(一つ5てん) 20てん

①クリーパーは ［ひ □ ］の ひかりに よわい。

クリーパー

②キノコシチューから ゆ［げ □ ］が 上がる。

③スティーブが エリトラで ［そら □ ］を とぶ。

エリトラ

④ふくろの 中で ［あま □ ］やどりを する。

スティーブ

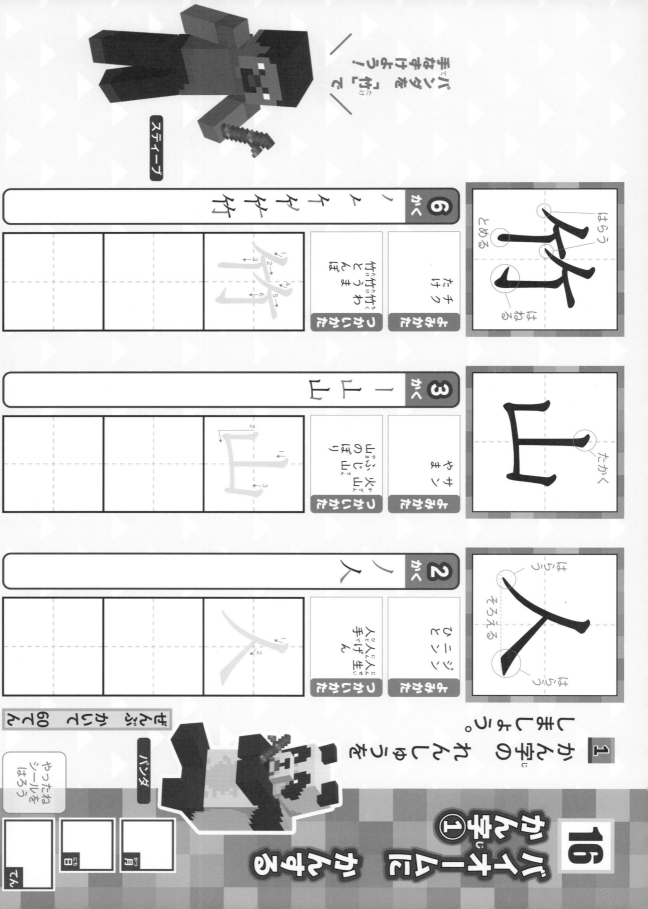

16 かん字①

パイオニアに かんする かん字

1 かん字の れんしゅうを しましょう。

スティーブ

パンチで 竹を 手に入れよう！「竹」で

6かく

ノ ／ ／ 竹 竹 竹

よみかた	つかいかた
たけ チク	竹やぶ たけうま 竹とんぼ

はらう・とめる・はねる・はねる

3かく

丨 凵 山

よみかた	つかいかた
やま サン	山のぼり 火山 山みり

たかく

2かく

ノ 人

よみかた	つかいかた
ひと ジン ニン	人びと 人げんが 人手

はらう・そろえる・はらう

ぜんぶ かけたら パンダ シールを はろう

やったね シールを はろう

月 にち 日 てん

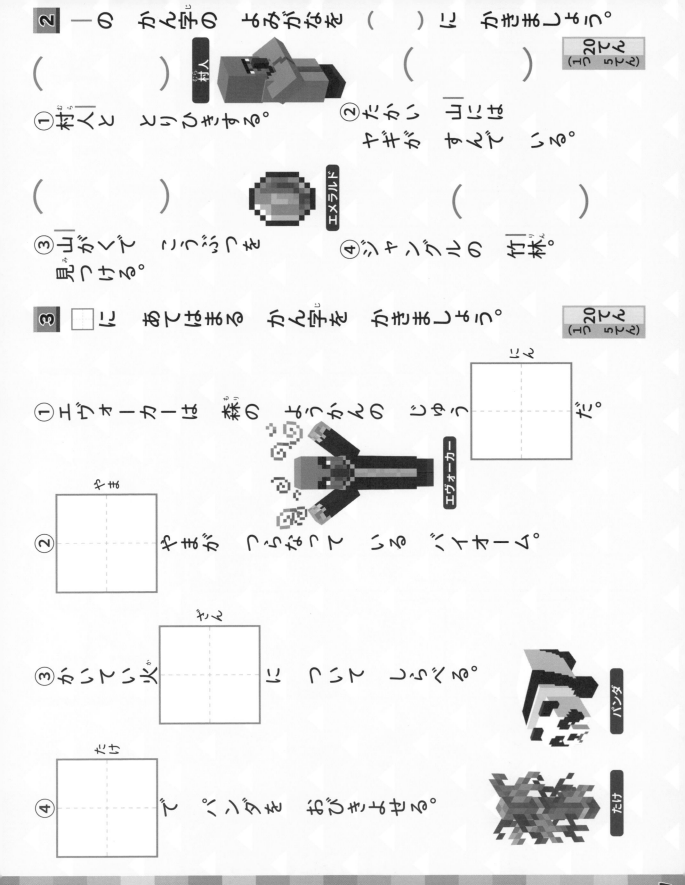

2 ——の かん字の よみがなを （ ）に かきましょう。

(1もん5てん)
20てん

（　　　　　　　　）

村人

① 村人と とりひきする。

② たかい 山には ヤギが すんで いる。

（　　　　　　　　）

エメラルド

③ 山かくで こうぶつを 見つける。

④ ジャングルの 竹林。

3 □に あてはまる かん字を かきましょう。

(1もん5てん)
20てん

① エヴォーカーは 森の ようかんの じゅう[にん]だ。

エヴォーカー

② [やま]が つらなって いる バイオーム。

③ かいてい火ざんに ついて しらべる。[だん]

パンダ

④ [たけ]で パンダを おびきよせる。

たけ

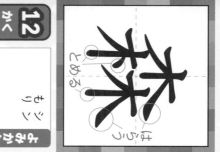

12 かく

一 十 木 木 木 杏 杏 森 森 森 森 森

		森

よみかた しん・もり

つかいかた 森林 森の林、林 の中へ

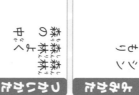

9 かく

一 十 十 甘 甘 苩 苩 草 草

		草

よみかた くさ・ソウ

つかいかた 草むら、草げんに...

8 かく

一 十 木 木 村 村 林 林

		林

よみかた はやし・リン

つかいかた 林と山、まつと林う

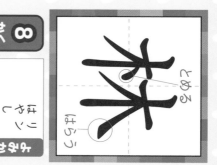

7 かく

一 十 木 村 村 村 村

		村

よみかた むら・ソン

つかいかた 村まつり、町と村

---

1 かん字の ひつじゅんを れんしゅう しましょう。

ぜんぶで 60 かん てん

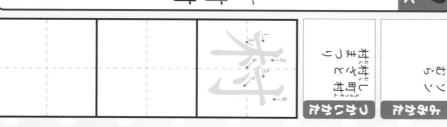

エヴォーカー

やったね シールを はろう

月 日 てん

17 かん字②に ちょうせんする

2 ──の かん字の よみがなを （ ） に かきましょう。

（　　　　　） 　　　　　（　　　　　）

① タイがの 村を たずねる。　　② 林の 中を ウマが あるく。

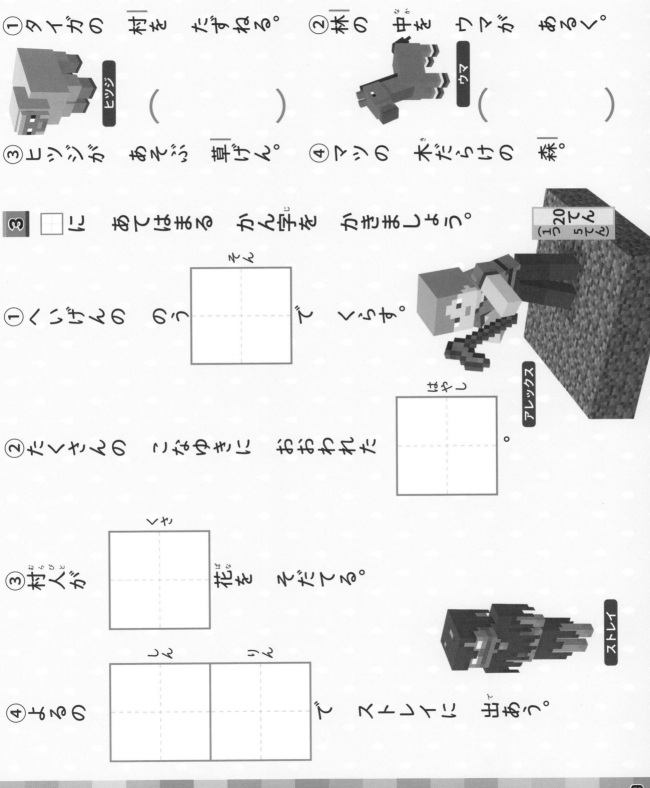

ヒツジ　　　　　　　　　　　　ウマ

（　　　　　） 　　　　　（　　　　　）

③ ヒツジが あそぶ 草げん。　　④ マツの 木だらけの 森。

3 □に あてはまる かん字を かきましょう。

（1つ20てん 5てん）

てん

① くじげんの の□□で くらす。

はやし

② たくさんの こなゆきに おおわれた □□。

アレックス

くさ

③ 村人が □□花を そだてる。

しん　　りん

④ よるの □□□で ストレイに 出あう。

ストレイ

39

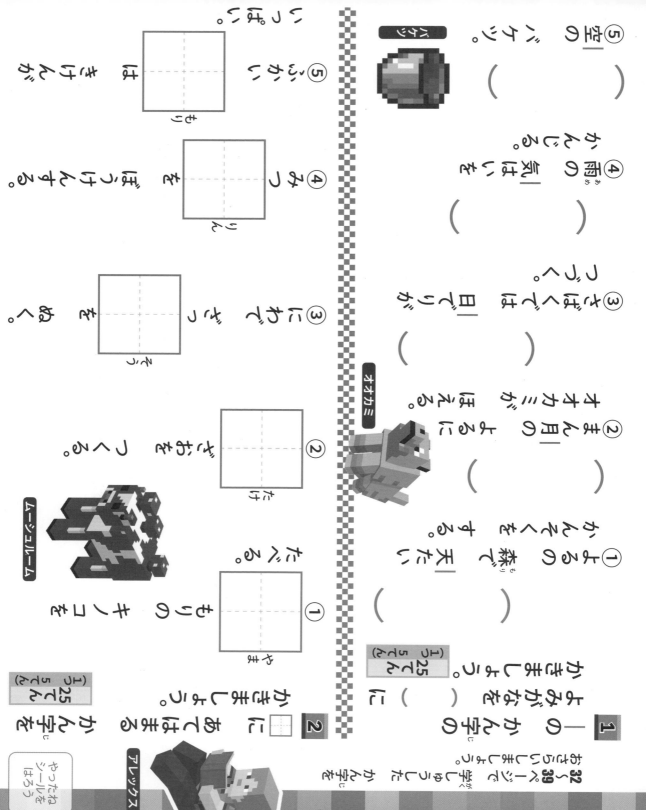

1　──の　かん字の　おくりがなで　ただしいほうの　かん字を　えらんで　かきましょう。（1もん5てん）

① かみの　よを　森で　すごす　天才だ。（　　　　）

② かミの　月が　よるに　ほえる。（　　　　）

③ ソンクヘビは　口で　つりが（　　　　）

オオカミ

④ 雨の　かんじは　気もちを　かんじる。（　　　　）

⑤ 空の　バケツ。（　　　　）

バケツ

2　□に　かん字を　あてはまる　かきましょう。（1もん5てん）

① □（やま）□（もり）の　キノコを　たべる。

ムージュルーム

② □（たけ）の　おかを　こえる。

③ □（でぐち）を　とじて　ぬける。

④ □（りん）みを　ほうける。

⑤ □（もり）は　いっかい　ぶんだけが。

アレックス

やったね
シールを
はろう

月　日　てん

40

3 ヴィンディケーターが オノで かん字の
一ぶを きりとって しまいました。
□に 正しい かん字を かきましょう。

（1つ50てん）
（10てん）

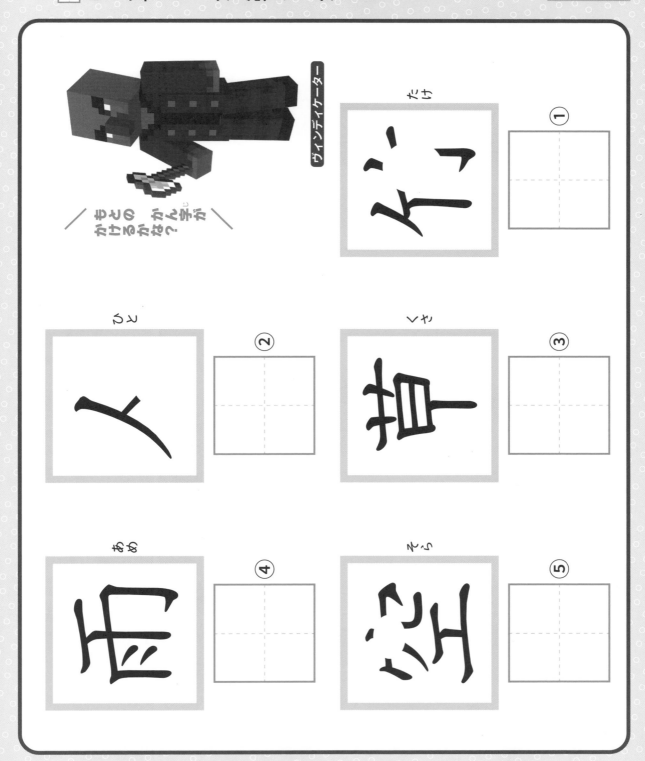

もとの かける かんじが

ヴィンディケーター

① たけ

② ひと

③ くさ

④ あめ

⑤ そら

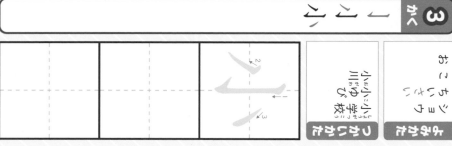

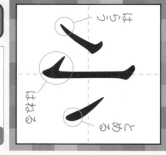

大きな字を
あらわす
バッチリは
だね！

スティーブ

かく 3

丿 冫 小

		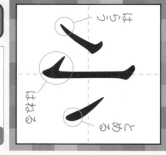

小おがわしょう
小がっこう
川がしょう学校

おこ シよ
ちいョ み
いさウ かた
い つかい

かく 4

一 冂 口 中

中まちちゅう
ゆうじゅん
町なかゆびん

なジュ
かュ み
ウウ かた
ん つかい

かく 3

一 ナ 大

大だいたいだ
大せおう王
大おおせい王

おおおタイ
おおおダ み
いおいイ かた
り つかい

かんじの
しゅれんを
しましょう。

1

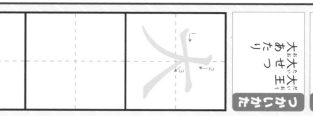

ウィザー

やつだね
シールを
はろう

ぜんぶ
かいて
60てん

	がつ日	にち月
		てん

19
かんじに
大きく
かんする

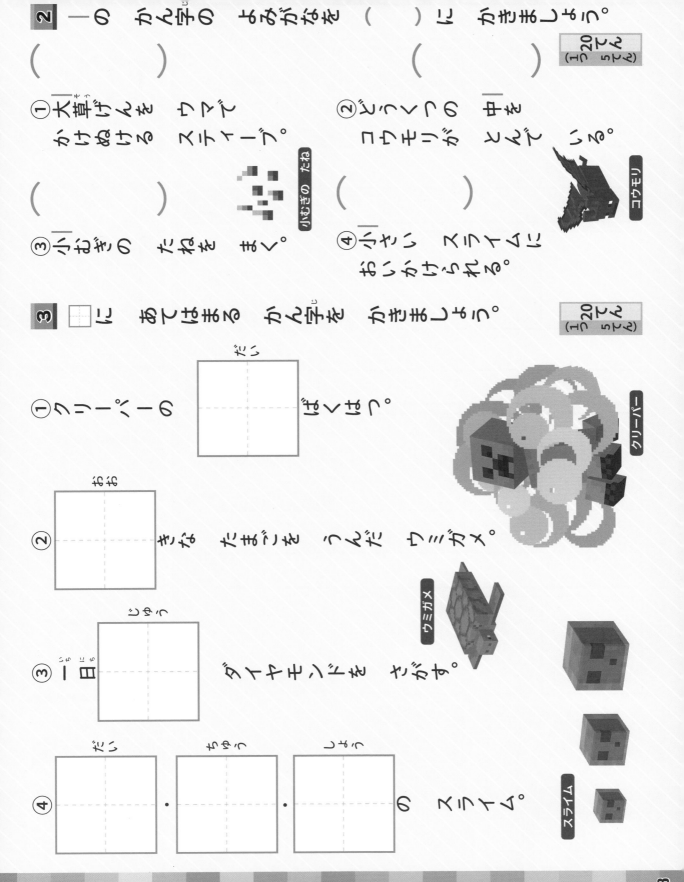

2 ──の かん字の よみがなを（　）に かきましょう。

（1つ 5てん／20てん）

（　　　　　　　　）　　　　　　　　　　　（　　　　　　　　）

① 大草げんを ウマで かけぬける スティーブ。

② どうくつの 中を コウモリが とんで いる。

コウモリ

（　　　　　　　　）　　　　　　　　　　　（　　　　　　　　）

小むぎの たね

③ 小むぎの たねを まく。

④ 小さい スライムに おいかけられる。

3 □に あてはまる かん字を かきましょう。

（1つ 5てん／20てん）

だい

① クリーパーの 　□　 ばくはつ。

クリーパー

おお

② 　□　きな たまごを うんだ ウミガメ。

ウミガメ

じゅう

③ 一日 　□　 ダイヤモンドを さがす。

だい　　　　ちゅう　　　　しょう

④ 　□　・　□　・　□　の スライム。

スライム

43

右

はらう

みなつ（よみかた）ミュウ
つかいかた（みぎ）みぎて、みぎとひだり

かく 5
ノ ナ オ 右 右

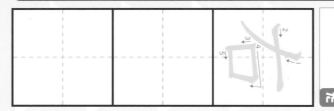

左

はらう
ながい　みじかい　すこし　へん

みなつ（よみかた）サ　ひだり
つかいかた（ひだり）ひだりて、ひだりあし

かく 5
一 ナ 左 左 左

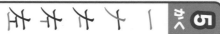
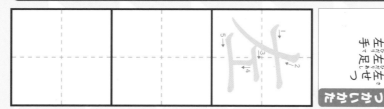

下

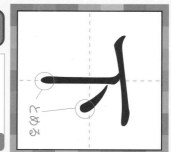

とめる

みなつ（よみかた）
した・しも・もと・さげる・さがる・くだる・くだす・おりる・おろす

つかいかた
見えかた、やまのふもと

かく 3
一 下 下

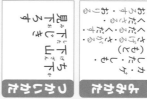
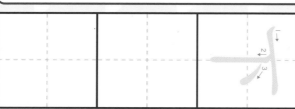

上

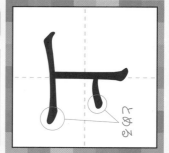

とめる

みなつ（よみかた）
うえ・うわ・かみ・あげる・あがる・のぼる・のぼせる・のぼす

つかいかた
かわのうえ、うえとした

かく 3
丨 上 上

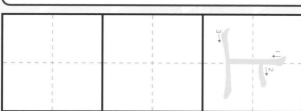

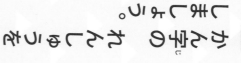
マグマキューブ

1　かん字を れんしゅう しましょう。

おぼえる かんじ字

せんせい の てん

やったね
シールを
はろう

てん　日　月

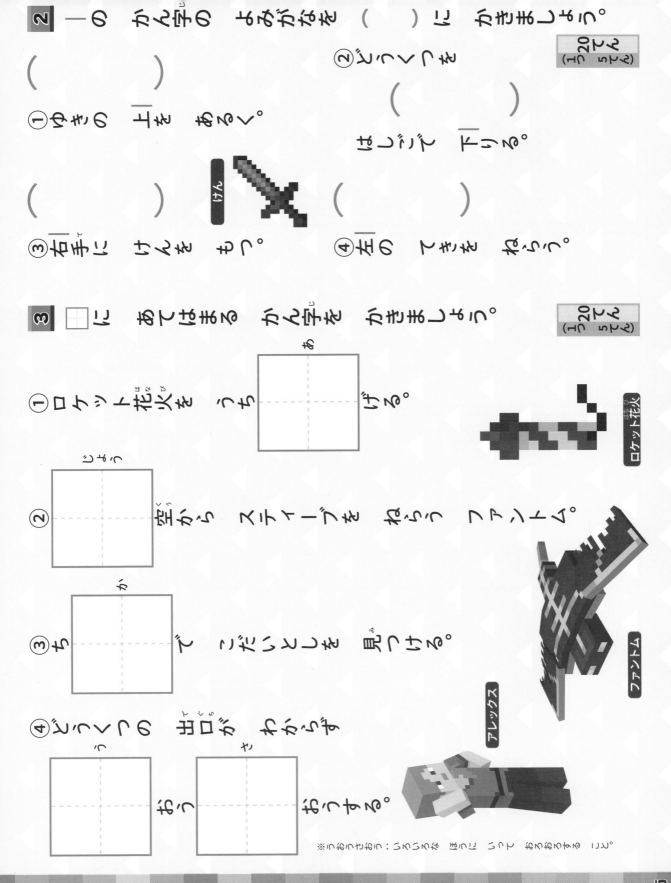

2 ──の かんじの よみがなを （　）に かきましょう。

(1つ20てん/5てん)

（　　　　　　）

①ゆきの 上を あるく。

　　　　　　　②じうへんを

　　　　　（　　　　　　　　）

　　　　　はしばて 下りる。

（　　　　　　）　　　　　（　　　　　　　　）

けん

③右手に けんを もつ。　④左の てきを ねらう。

3 □に あてはまる かんじを かきましょう。

(1つ20てん/5てん)

あ

①ロケット花火を　うち　　　げる。

ロケット花火

じょう

②　　　　空から スティーブを ねらう ファントム。

ファントム

か

③ち　　　で こだいとしを 見つける。

アレックス

④じうへんの 出口が わからず

う　　　　　　　さ

　　　　　　　　　　　おう　　　　　　　　おうする。

※じうへんせう：いろいろな ほうに ついて おおおきする こと。

45

5かく 出

一 屮 屮 出 出

よみかた	つかいかた
だ(す) スイ(シュツ)	出口（でぐち）は ぐちがいい

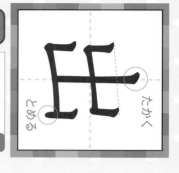

たかく / とめる / だす

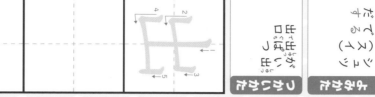

5かく 正

一 丁 下 正 正

よみかた	つかいかた
ただ(しい) セイ	正月（しょうがつ）正しい

だす / ながく

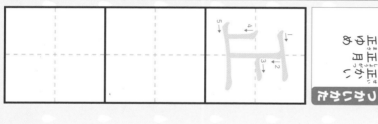

2かく 力

フ 力

よみかた	つかいかた
ちから リキ	力もち（ちからもち）

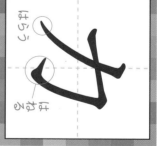

はらう / はねる

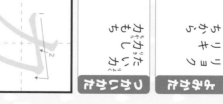

かん字の れんしゅうを しましょう。

21 かん字①に かよう

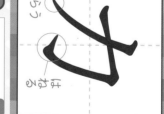

エルダーガーディアン

ぜんぶ かいて 60てん

やったね シールを はろう

てん	月日	日

2 ──の かん字の よみがなを （　）に かきましょう。

（1つ20てん/5てん）

（　　　　　）　　（　　　　　）

①コマンドを 入力する。　　②かんたんな けんちくぶつ。

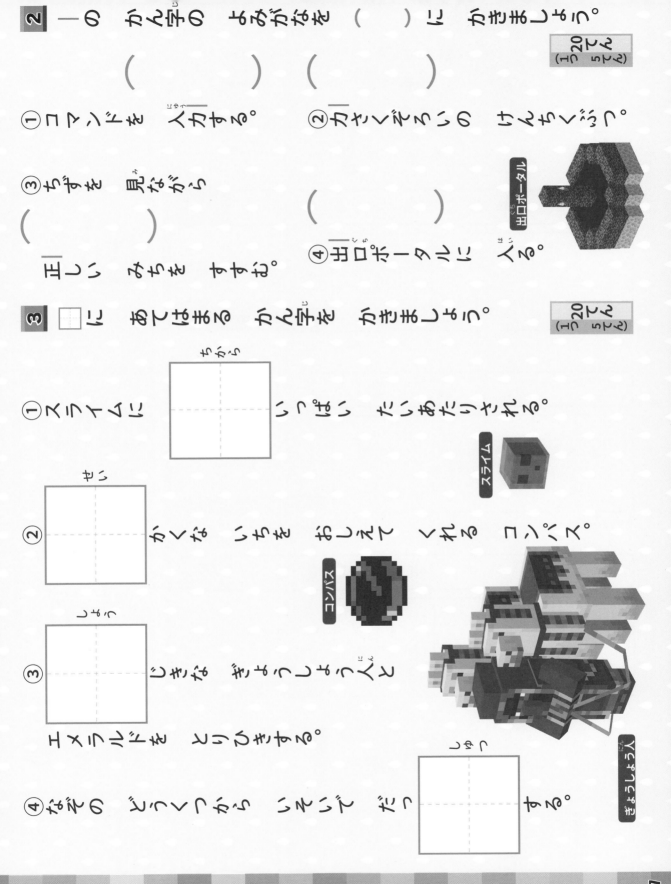

出口ポータル

③ちずを 見ながら

（　　　　　）　　　　　　（　　　　　）

正しい みちを すすむ。　　④出口ポータルに 入る。

3 □に あてはまる かん字を かきましょう。

（1つ20てん/5てん）

ちから

①スライムに 　□　 いっぱい たいあたりされる。

スライム

せい

②　□　かくな いちを おしえて くれる コンパス。

コンパス

しょう

③　□　じきな きょうしょうにん

きょうしょうにん

エメラルドを とりひきする。

④なぞの じっけんから いきて だ□　する。

しゅつ

47

スティーブ

アレイ

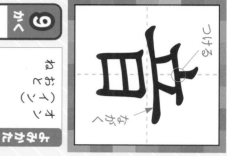

つける

ながへ

ね
オ(ト)
イ(ン)

よみかた	つかいかた
おと	足音（あしおと）音いろ 音がく

9かく

丶 十 立 立 立 立 音 音 音

なが

まんなかを とおす

くるま
シャ

よみかた	つかいかた
くるま	車（くるま） じどう車 車こ

7かく

一 ㄇ 戸 盲 盲 車

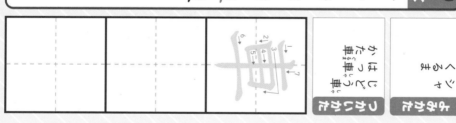

おなじ ながさに

はやい
サッ
ソウ
はやめる

よみかた	つかいかた
はやい はやめる	早い（はやい） 早口（はやくち） 早おき

6かく

丨 冂 日 日 早

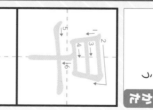

ヴィンディケーター

やった人は
シールを
はろう

てん		
	日	月

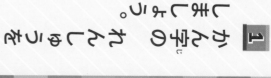

1
かん字の ひつじゅんを かきましょう。

22 かん字②
にかんする

２ ━の かん字の よみがなを （ ）に かきましょう。

（一つ5てん）20てん

（　　　　　）

① 早ちょうに レールを てんけんする。

（　　　　　）

② トロッコに じょう車する。

（　　　　　）

③ イルカは どんな 音いろも ききわける。

（　　　　　）

④ オウムは 音がくに あわせて おどる。

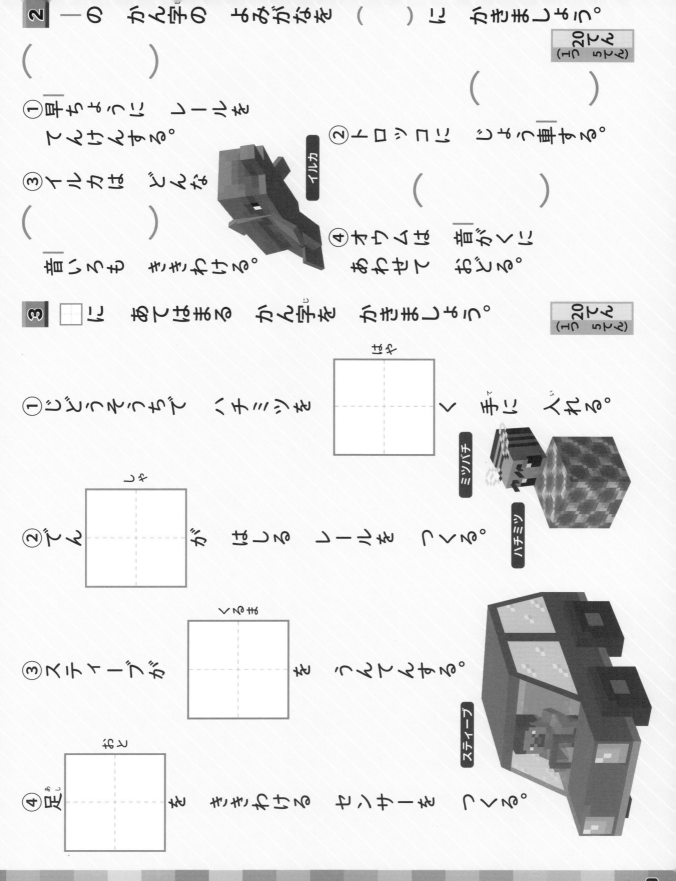

イルカ

３ □に あてはまる かん字を かきましょう。

（一つ5てん）20てん

① じどうそうちで ハチミツを ［はや］□く 手に 入れる。

ミツバチ

ハチミツ

② でん［しゃ］□が はしる レールを つくる。

③ スティーブが ［くるま］□を うんてんする。

スティーブ

④ 足（あし）［おと］□を ききわける センサーを つくる。

1 ——の かん字の よみがなを ( )に かきましょう。

42〜49ページ
1 25てん（1つ5てん）

① 山に 小雨が ふる。
（　　　）

② たうえを 手つだう。
（　　　）
（ゾンビ）

③ あつがりの スティーブが 上を すべる。
（　　　）
（ゾンビ）

④ いすに 下りて せなかを まるめる。
（　　　）
（レバー）

⑤ おもての レバーを 左の いちに うごかす。
（　　　）

---

2 □に あてはまる かん字を かきましょう。

1 25てん（1つ5てん）

① わかれみちで □（みぎ）の みちを えらんで すすむ。

② □ よう レシピと ウォーク を たしかめる。
（へ）

③ トロッコに のせて □（は）の なかを すすむ。
（へ）

④ うみの 上の □（し）を にげる。
（を）

⑤ レコードで □（おん）がくを きく。へや を ……。
（か）
（レコード）

がくしゅうした
月　日
月　日
てん
がんばったね
シールを
はろう

3 生きものたちの うしろに かくれて いる
かん字を □に かきましょう。

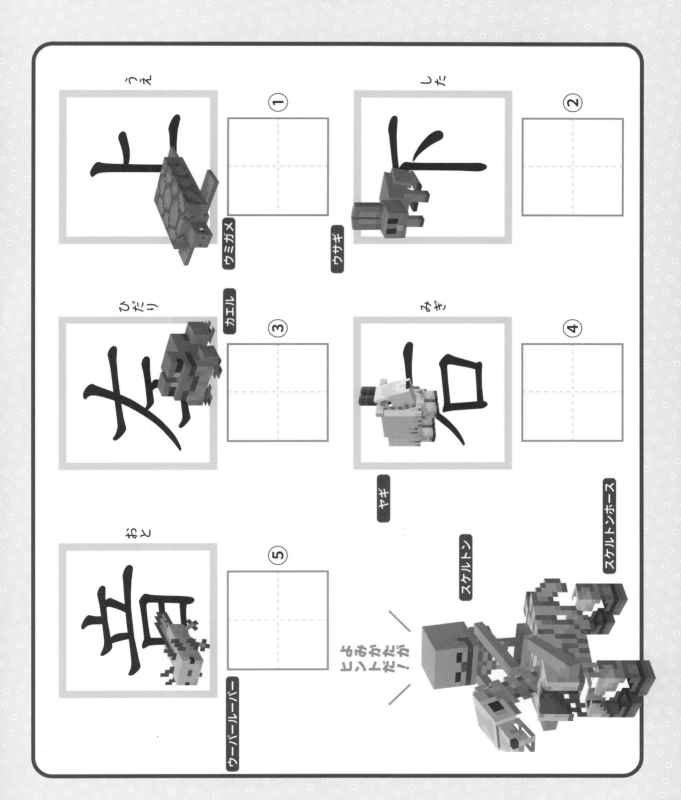

うえ
① 〔ウミガメ〕

した
② 〔ウサギ〕

ひだり
③ 〔カエル〕

みぎ
④ 〔ヤギ〕

おと
⑤ 〔ウーパールーパー〕

〔スケルトン〕
〔スケルトンホース〕

がったいトーマだ！よ

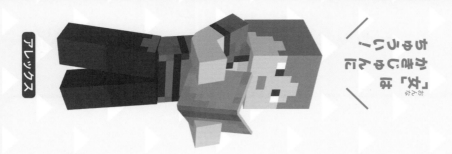

アレックス

「女（おんな）」は「おんな」！ちゅうい！

---

5 かく

丿 ノ 十 牛 生

はらう・ながく・みじかく・へじかく

みかた
なま
いきる
いかす
はえる
はやす
うまれる
うむ
おう
き
（セイ）
（ショウ）

つかいかた
生生
先生（せんせい）
へもの

---

4 かく

丶 亠 ナ 文

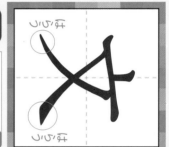

はらう・はらう

みかた
（ブン）
（モン）

つかいかた
天文（てんもん）
文（ぶん）ちゅう
文（ぶん）だい

---

3 かく

く く 女

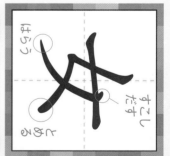

はらう・すこし とめる・はらう・まげる

みかた
（ジョ）
（ニョ）
（ニョウ）
おんな
め

つかいかた
女（おんな）の子（こ）
女子（じょし）

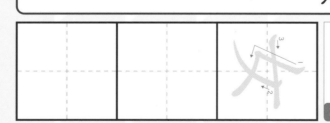

---

① かん字（じ）のれんしゅうをしましょう。

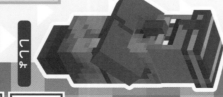

しょ

ぜんぶかいて 60てん

やったね
シールを
はろう

がつ 月　にち 日　てん

24
学校（がっこう）にかんする かん字①（じ）

2 ―の かん字の よみがなを （ ）に かきましょう。

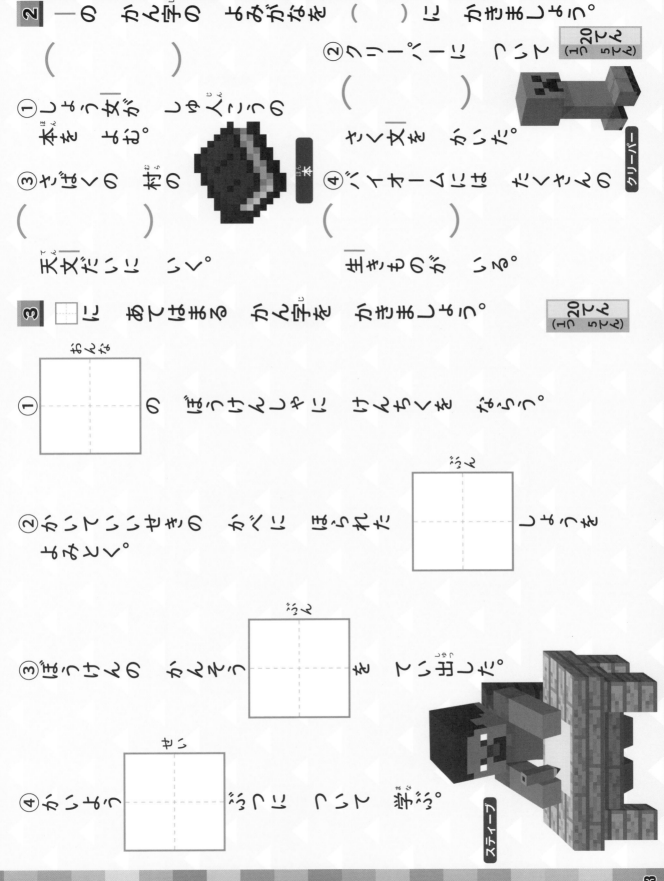

（1つ20てん
（5てん）

① しょう女が しゅんごの
本を よむ。
（　　　　　　）

② クリーペーに ついて
たく文を かいた。
（　　　　　　）

クリーパー

③ ぼくの 村の
（　　　　　　）
天文だいに いく。

④ バイオームには だくさんの
（　　　　　　）
生きものが いる。

3 □に あてはまる かん字を かきましょう。

（1つ20てん
（5てん）

① おんな
□の ぼうけんしゃに けんちくを ならう。

② かいていせきもの かぐに ほられた ぶん
□ょうを よみとく。

③ ぼうけんの かんそう ぶん
□を てい出した。

④ がっこう せい
□ぶつに ついて 学ぶ。

スティーブ

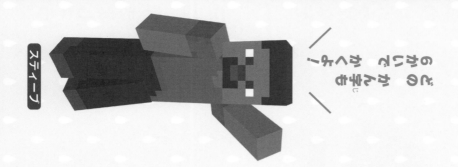

スティーブ

のびのびとかん字をかこう！

---

① かん字のれんしゅうをしましょう。

6かく

、 ﾉ 匕 匸 乍 年

よみかた	つかいかた
とし	年ど 学年 下の年 上の年

6かく

、 ﾉ 十 生 先 先

よみかた	つかいかた
せい	つい先 まき先生

6かく

丶 宀 宀 字 字

よみかた	つかいかた
ジ（あざ）	文字 じゅう字 字

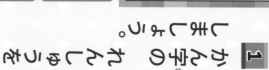

ぜんぶかけたら やったねシールをはろう

イルカ

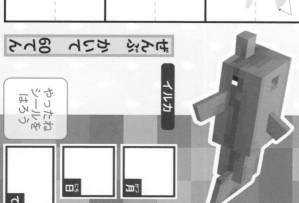

月 がつ	日 にち	てん

---

25 学校に かんする かん字②

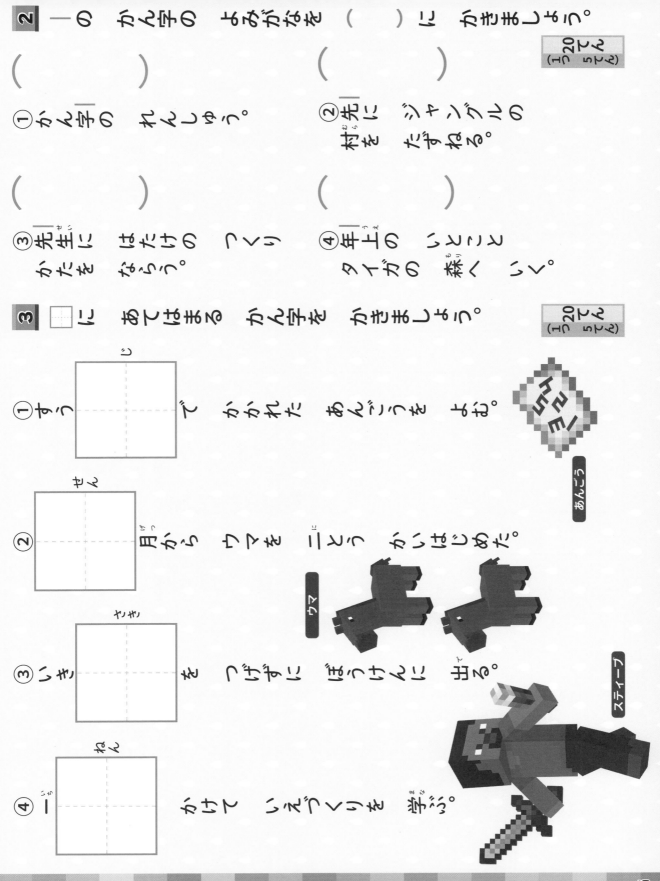

2 ──の かん字の よみがなを（ ）に かきましょう。

（1つ 5てん 20てん）

（　　　　　　　）　　　　　　（　　　　　　　）

①かん字の れんしゅう。　　②先に ジャングルの
　　　　　　　　　　　　　　　村を たずねる。

（　　　　　　　）　　　　　　（　　　　　　　）

③先生に はたけの つくり　　④年上の いとこと
　かたを ならう。　　　　　　タイガの 森へ いく。

3 □に あてはまる かん字を かきましょう。

（1つ 5てん 20てん）

① □ で かかれた あんごうを よむ。
じ
すう

あんごう

② □ 月 から ウマを ニとう からはじめた。
せん　げつ

ウマ

③ □ を つげずに ぼうけんに 出る。
い　　すじ
み

スティーブ

④ 一□ かけて いえづくりを 学ぶ。
ねん
いち

26 かん字③ 学校に かんする

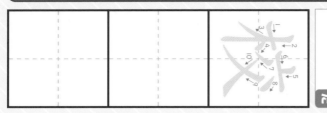 

校 （10かく）

はらう・はらう・とめる

- **よみかた**　コウ
- **つかいかた**　校長（こうちょう）・三校（さんこう）・校しゃ

学 （8かく）

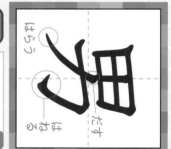

はらう・はねる

- **よみかた**　ガク・まなぶ
- **つかいかた**　学校（がっこう）・大学（だいがく）・学ぶ（まなぶ）

男 （7かく）

はらう・だす・はねる

- **よみかた**　ダン・ナン・おとこ
- **つかいかた**　男子（だんし）・長男（ちょうなん）・男の人（おとこのひと）

名 （6かく）

はらう・はらう・とめる

- **よみかた**　メイ・ミョウ・な
- **つかいかた**　名本（？）・名人（めいじん）・名前（なまえ）

1 かん字の ひつじゅんを しょうりゃくしました。

ピッグ

ぜんぶ かいて 60てん

やったねシールを はろう

月（がつ）	日（にち）	てん

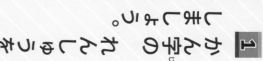

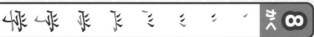
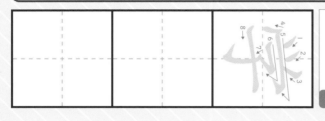

2 ―の かん字の よみがなを （　）に かきましょう。

（1もん20てん／5てん）

① ペットの オオカミに
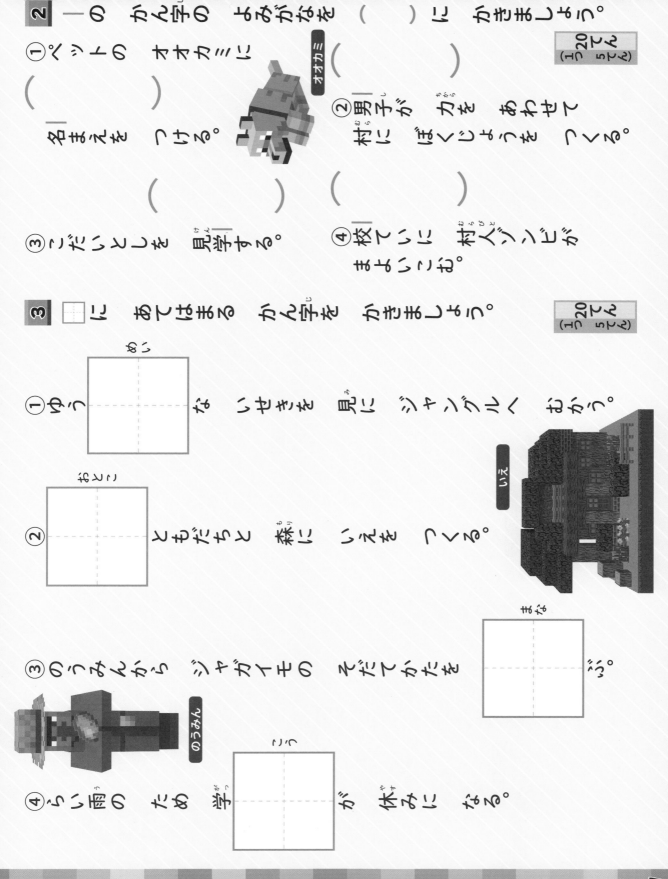
オオカミ

（　　　　　）
名まえを つける。

② 男子が 力を あわせて 村に ぼくじょうを つくる。

（　　　　　）（　　　　　）

③ こだいとしを 見学する。

④ 校ていに 村人ゾンビが まよいこむ。

3 □に あてはまる かん字を かきましょう。

（1もん20てん／5てん）

① ゆう□な いせきを 見に ジャングルく むかう。
めい

いえ

② □ ともだちと 森に いえを つくる。
おとい

③ のうみんから ジャガイモの そだてかたを □ぶ。
まな

のうみん

④ らい雨の ため 学□が 休みに なる。
こう

27 まとめテスト 52〜57ページ

やったね シールを はろう

アレックス

月 日 てん

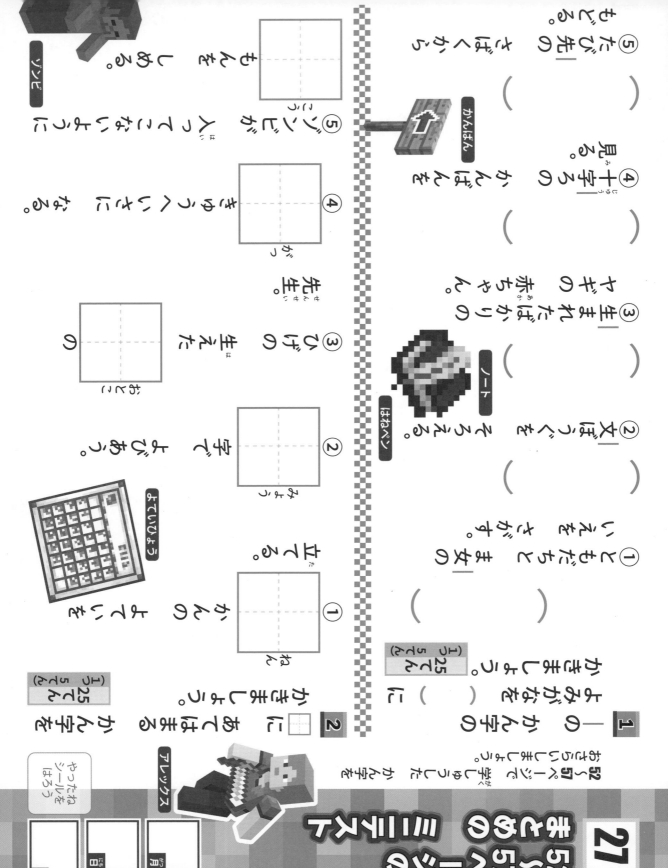

1 つぎの ──せんの かん字の よみがなを ( )に かきましょう。
1もん 5てん

かみの けがながい 女の子の

① いとを たちきる 女の子がすます。 （　　　）

② 文しょうを つたえる。 （　　　）

はねペン／ノート

③ ヤギの 生まれた 赤ちゃんの なまえ。 （　　　）

④ 十字の かんばんを 見る。 （　　　）

かんばん

⑤ ただ先の かんばんへから。 （　　　）

ゾンビ

2 □に あてはまる かん字を かきましょう。
1もん 5てん

① □ かんの よこに ねを 立てる。

よていひょう

② □ きょう字の よこを あびる。

③ ひげの 生えた □ の 先生。

④ きゅうに □ が よく なる。

⑤ ゾンビが □ ひとに なる。しょんとしまいに。

58

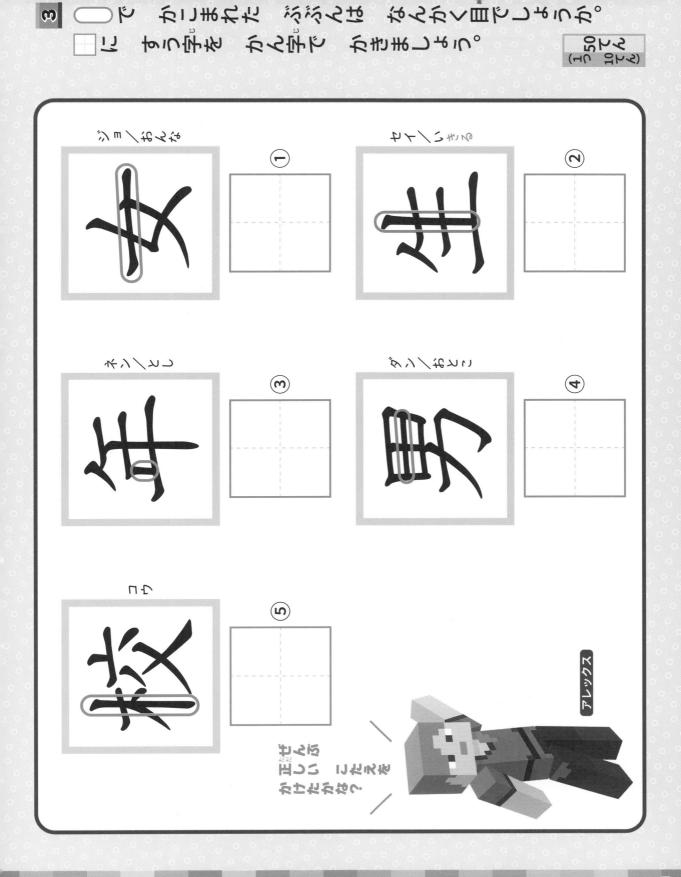

6 かく　一　丆　丆　丙　百

			よみかた	いみ
			ヒャク	百円（ひゃくえん）百年（ひゃくねん）

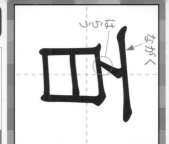

なかく　はらう

---

5 かく　一　二　干　王　王

			よみかた	いみ
			オウ ギョク	目玉（めだま）玉入（たまい）れ

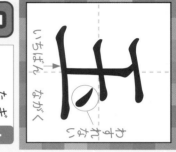

いちばん ながく　わすれない

---

4 かく　｜　冂　冃　田

			よみかた	いみ
			エン まるい	円（えん）百円（ひゃくえん）円い

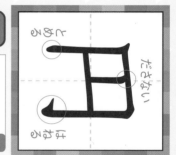

だ さない　とめる　はねる

---

3 かく　｜　干　千

			よみかた	いみ
		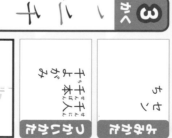	セン ち	千円（せんえん）千（ち）まんにん

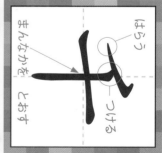

まんなかを とおす　はらう　つける

プレイス

べんきょうした日

やったね
シールを
はろう

がつ	にち	てん
月	日	

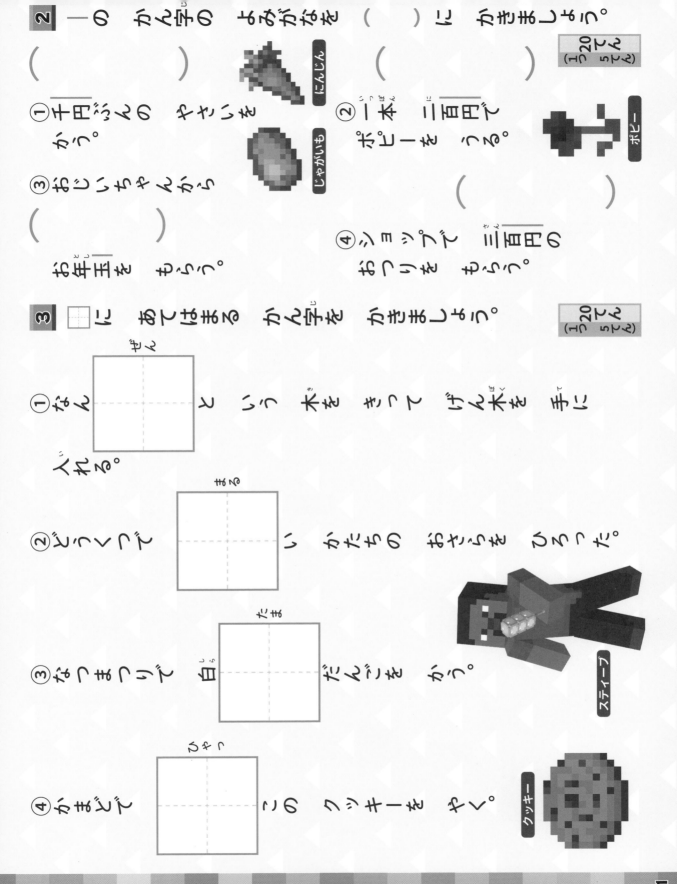

2 ―の かん字の よみがなを （ ）に かきましょう。
（1つ20てん/5てん）

（　　　　　　　　）

① 千円ぶんの やさいを かう。　[にんじん]

② 一本 二百円で ポピーを うる。　[ポピー]

③ おじいちゃんから　[じゃがいも]

（　　　　　　　　）

お年玉を もらう。

（　　　　　　　　）

④ ショップで 三百円の おつりを もらう。

3 □に あてはまる かん字を かきましょう。
（1つ20てん/5てん）

① な□（ぜん）と いう 木を もって げん木を 手に 入れる。

② じっくで □（まる）い かたちの おさらを ひろった。

③ なつまつりで 白□（たま）だんごを かう。　[スティーブ]

④ かまどで □（ひゃく）この クッキーを やく。　[クッキー]

オオカミ

スティーブ

「犬」の「、」を わすれないように！

わすれない
はらう
とめる
ぬる

4かく			
一 ナ 大 犬			

よみかた いぬ　ケン

つかいかた 子犬（こいぬ）　犬ぞり（いぬぞり）

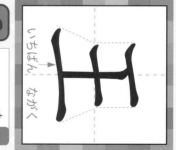

いちばん ながく

4かく			
一 十 千 王			

よみかた オウ

つかいかた 女王（じょおう）　王さま（おうさま）

はねる
すこしまげる

3かく			
了 子			

よみかた こ　ス　シ

つかいかた 子ども（こども）　王子（おうじ）

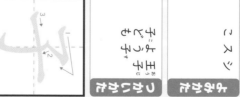

ぜんぶ かいて みよう

29 きその かん字①

1 かん字を れんしゅう しましょう。

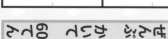
ラバ

やったね
シールを
はろう

月（がつ）	日（にち）	てん

2 —の かん字の よみがなを （　）に かきましょう。

（1つ20てん 5てん）

① さばくを あるく

（　　　　　　　）

ラフの おや子。

（　　　　　　　）

③ に王立ちの アイアンゴーレム。

※に王立ち：足を ひろげて どっしり 立って いる ようす。

アイアンゴーレム

② 王さまに ささげる 金の インゴットを さがす。

④ 大きくて 立ぱな

（　　　　　　　）

ばん犬を かう。

3 □に あてはまる かん字を かきましょう。

（1つ20てん 5てん）

① ちんぼつせんの よう[す]□を 見に いく。

ちんぼつせん

② ちょう[し]□よく どうくつの あなを ほりすすめる。

村人（むらびと）

③ 女[じょ][おう]□バチが たまごを うむ。

④ 村人（むらびと）が げん木を しかって [いぬ]□小やを つくる。

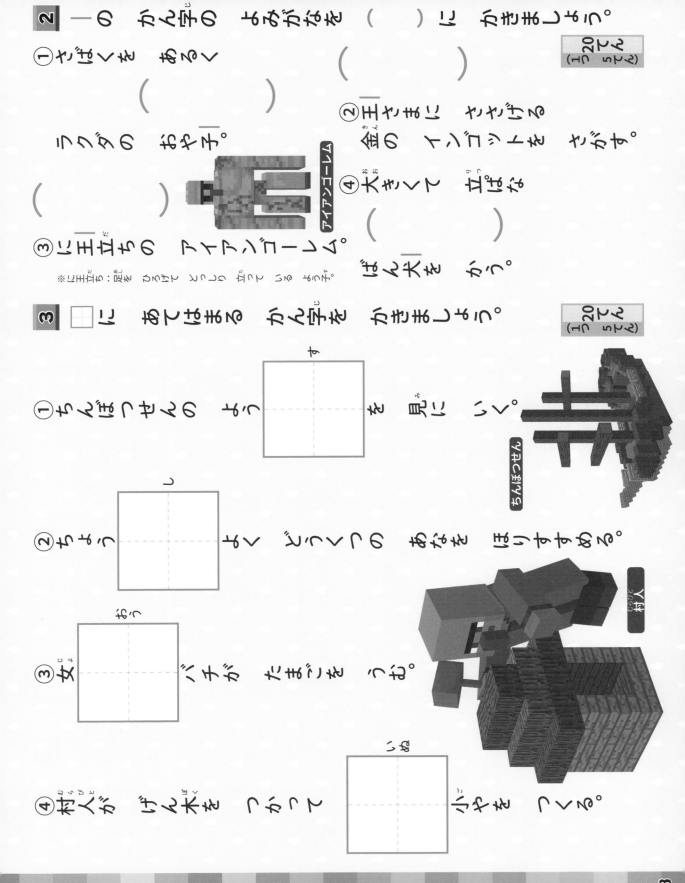

63

アレックス

いたいよ！
みんなが ふんだ！

30 その ほかの かん字 ②

1 かん字の れんしゅうを しましょう。

7かく
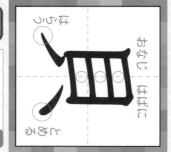

皿

おなじ はばに
はらう
とめる

よみかた：さら
つかいかた：おさら・とり皿

一 冂 冂 皿 皿 皿 皿

6かく

虫

ななめ うえへ
とめる

よみかた：むし・チュウ
つかいかた：青虫・虫めがね

一 口 中 虫 虫 虫

5かく
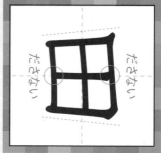

田

だささない
だささない

よみかた：た・デン
つかいかた：田ぼ・田んぼ

一 冂 冂 田 田

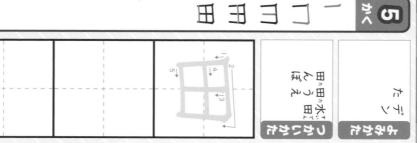

オウムガイ

せんせいに たしかめて もらおう

やったね
シールを
はろう

てん	日(にち)	月(がつ)

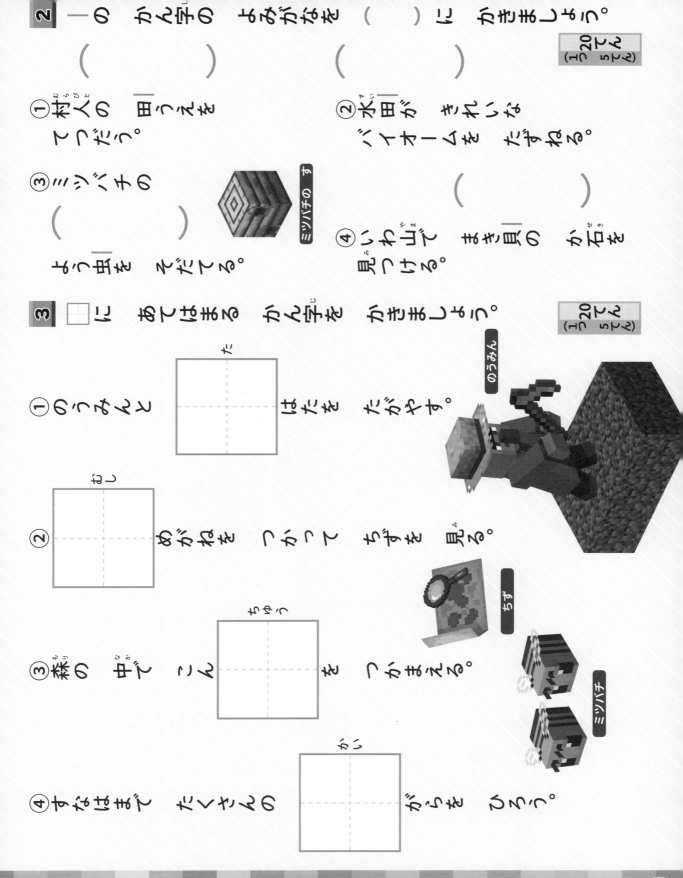

2 ──の かん字の よみがなを （ ）に かきましょう。

（1つ5てん 20てん）

① 村人の 田うえを
　て つだう。

② 水田が きれいな
　バイオームを たずねる。

③ ミツバチの
　（ ）
　よう虫を そだてる。

ミツバチの す

④ いわ山で まき貝の
　か石を 見つける。

3 □に あてはまる かん字を かきましょう。

（1つ5てん 20てん）

① のうみんと □ は たを たがやす。

のうみん

② □ めがねを つかって ちずを 見る。

ちず

③ 森の 中で こん □ を つかまえる。

ミツバチ

④ すなはまで たくさんの □ がらを ひろう。

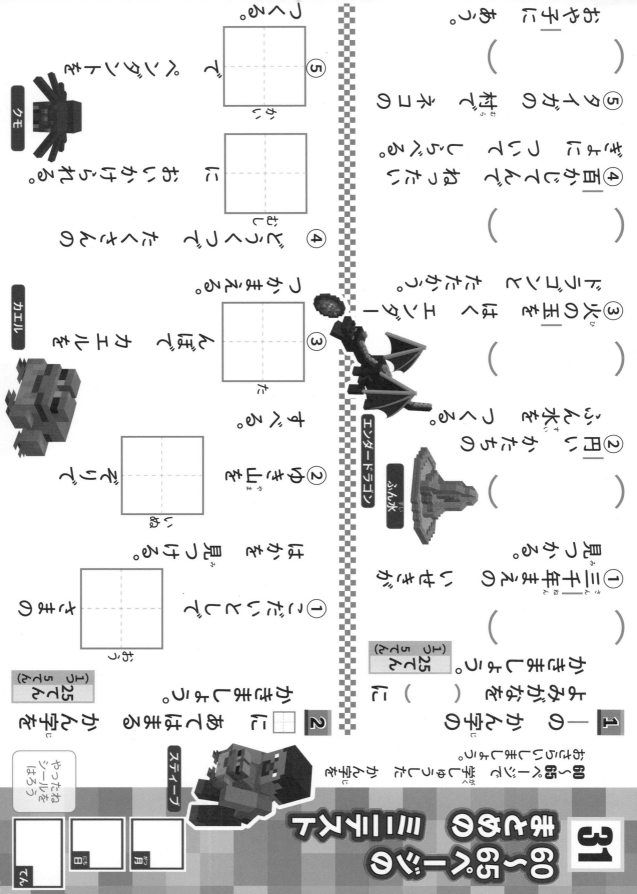

まとめの テスト　60〜65ページの

60〜65ページで ならった かん字や ことばを ふくしゅうしましょう。

がつ 月	にち 日	てん 点

1　□の かん字の よみがなを（　）に かきましょう。（1つ5てん）

①　三十年ねんぶりに 見える。
（　　　　）

②　円まるい 水を（　　　　）
ぶん水

③　火ひの玉たまを うちへらす。
エンダードラゴン
（　　　　）

④　村むらで ネコを かいにしたい。
（　　　　）

⑤　おやに
（　　　　）
あう。

2　□に かん字を かきましょう。（1つ5てん）

①　ただしい ことで
おうさまの
さかなを 見つける。

②　ゆき山やまを
はかせが 見つける。

③　た んぼで
カエルを つかまえる。
カエル

④　むしへんに
じどうしゃで
首くびかざりを おいかける。

⑤　タイガで
パンダを つれて これる。
クモ

やったね
シールを
はろう

③

アレックスが かん字を まちがえて かきました。
正(ただ)しい かん字を □に かきましょう。

（1つ5てん/10てん）

ちゅういぶかく かん字の かたちを みよう！

アレックス

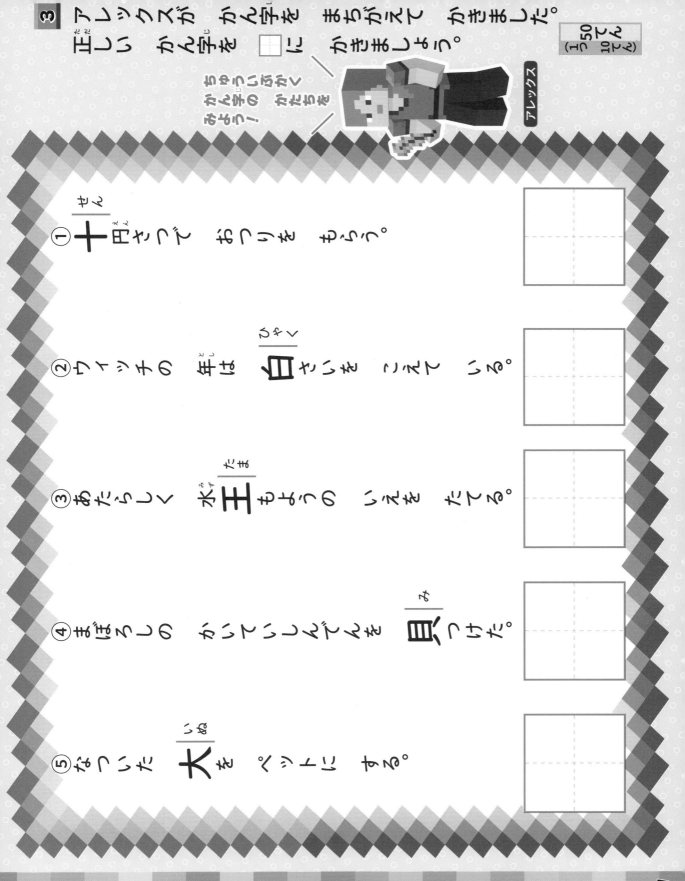

① 十(せん)円玉で おつりを もらう。

② ウィッチの 年(とし)は 目(ひゃく)さいを こえて いる。

③ あたらしく 水(みず)王(たま)もようの いえを たてる。

④ まぼろしの かいていしんでんを 貝(み)つけた。

⑤ なついた 大(いぬ)を ペットに する。

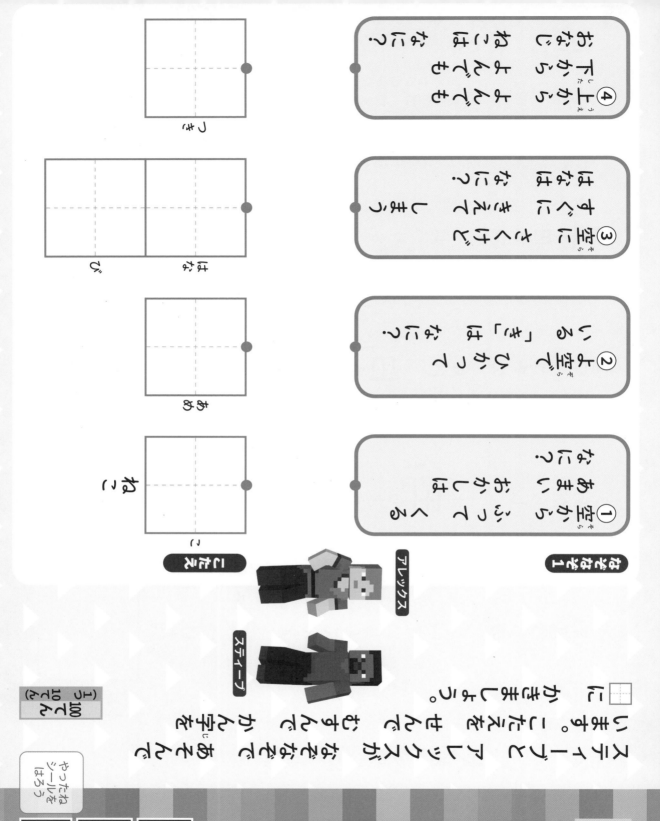

なぞなぞ 1

①
あいつ
おかしって
いる
なに？
そらから
ふる

こたえ：　ね　い

②
いる「キ」で
空で
よ
なに？

こたえ：　あ

③
は空に
なにへんして
すべると
なに？

こたえ：　は　ば

④
おなじから
なにも
ねても
よんでも
下から　上
なに？

こたえ：　こ

いただき

アレックス

スティーブ

スティーブと　アレックスが　むずかしい　なぞなぞを　しゅつだいするよ。せいかいの　かん字を　□に　かいて、なぞなぞに　こたえましょう。

（1）
100てん
10てん

やったね
シールを
はろう

月　日　てん

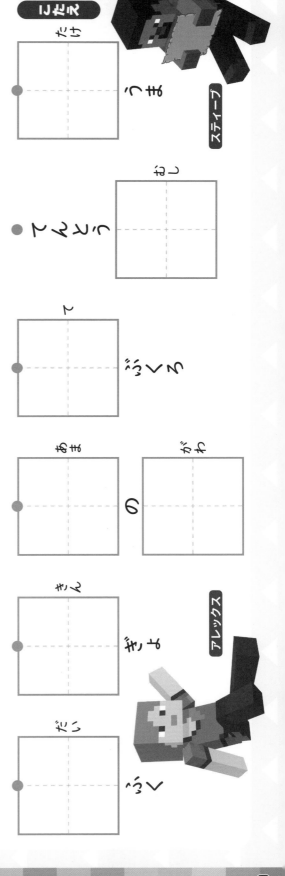

① とても きれいな かわだけど 水が ない かわは なに？

② うまは うまでも 二本足（にほんあし）の うまは なに？

③ 赤（あか）や くろの いろの ふくを きた おしゃれな むしは なに？

④ 赤（あか）や くろの いろを して いても きんと さかなと よばれる なに？

⑤ おおきな ふくを きた 人（ひと）が たべる ものは なに？

⑥ さむい 日（ひ）に つかう ふくろは なに？

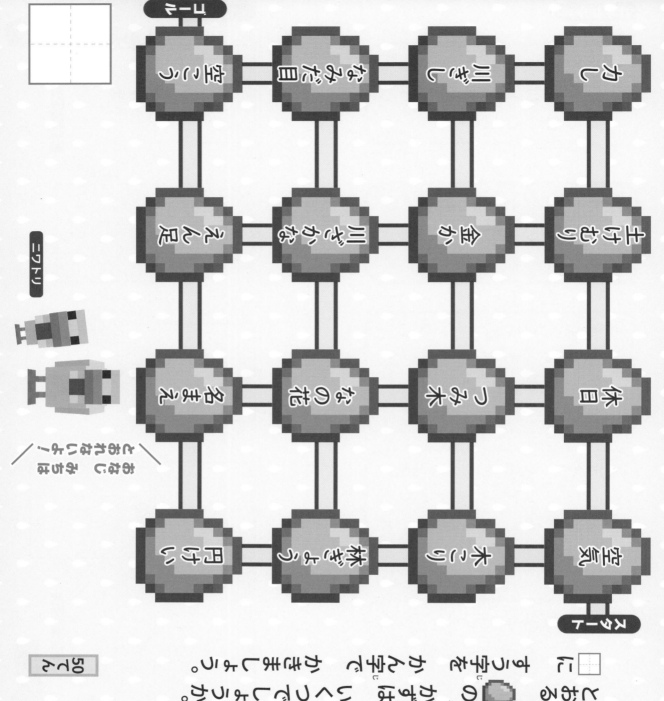

ニワトリ

スタート

33 すすめの（2）

アレックス
スティーブ

1 スタートからゴールまでめいろをすすみます。とおったマルにある 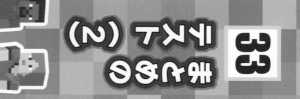 のかんじをすうじのじゅんに□にかきましょう。

50
てん

やったね
シールを
はろう

月	日	てん

アレックスが 4かくで かく かん字を とおって スタートから ゴールまで すすみます。アレックスが ゴールまでに とおる 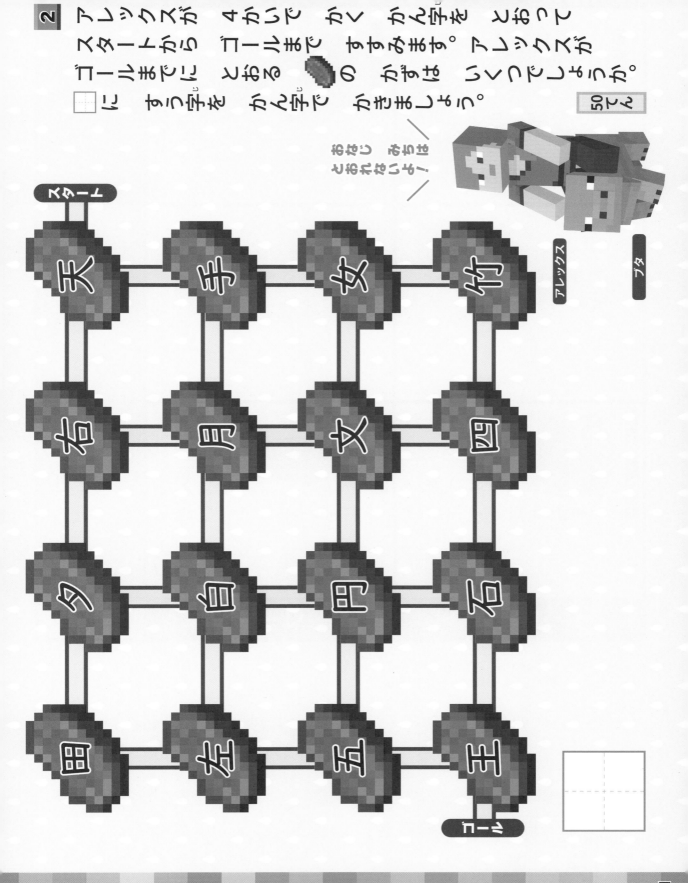 の かずは いくつでしょうか。□に すう字を かん字で かきましょう。

50てん

おなじ おちは とおれないよ！

アレックス　　ブタ

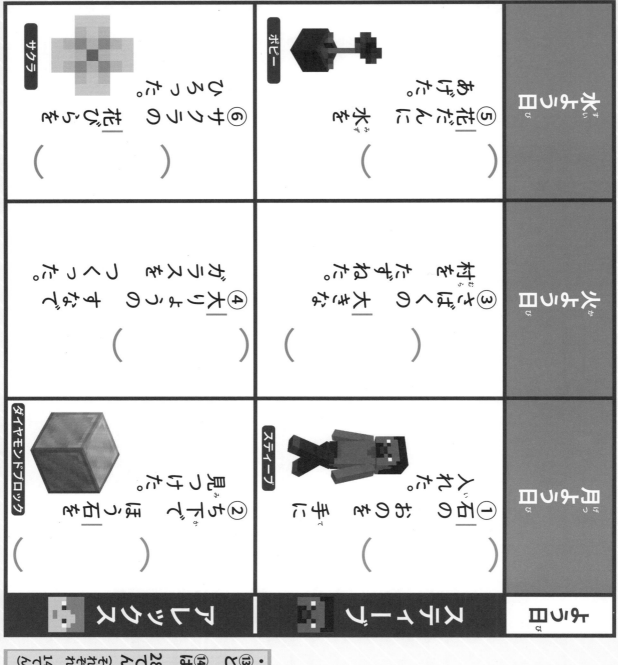

	月よう日（げつようび）	火よう日（かようび）	水よう日（すいようび）	よう日

水よう日

⑤ 花に水をあげた。（ポピー）（　）

⑥ サクラの花びらをひらいた。（サクラ）（　）

火よう日

③ 大きな村をたずねた。村をはなれた。（　）

④ 大りょうのガラスをカリョウスへしてなど（　）

月よう日

① 手に入れたものを石（　）（スティーブ）

② ブロックを下で見つけた。石を（　）（ダイヤモンドブロック）

ステージ｜スティーブ　　ステージ｜アレックス

・⑬から⑭は28てん（それぞれ1てん）
・①から⑫で72てん（1もん6てん）

一　ステージのよう字とアレックスをみながら、（　）日をかきましょう。

②のステージのよう字（　）にかきました。

やったね　シールを　はろう

34. まとめ　テスト（3）

月（がつ）　日（にち）　てん

よう日	スティーブ	アレックス
木よう日	（　　　　　） ⑦いえの おくじょうから ほしを 見た。	（　　　　　） ⑧川上で さかなを つった。 さかな
金よう日	⑨ペットの ネコが （　　　　　） 四さいに なった。	（　　　　　） ⑩四月に ネザーに いく ことに した。
土よう日	（　　　　　） ⑪小むぎを しゅうかくした。 小むぎ	（　　　　　） ⑫小川の せせらぎを きいた。 アレックス
日よう日	（　　　　　） ⑬空中を 見上げると いん石だ。火の玉で こうげきされた。 火の玉	（　　　　　） ⑭ファントムに おそわれて 空から おそうように なり 森の中に にげこんだ。 ファントム

35 すべての かん字の れんしゅうを する

やったね
シールを
はろう

□に するあてはまる かん字には、ただしいよみかたが あります。①〜⑨のかん字のよみかたをかいてみましょう。

せんぶかいて100てん

② じょうず
上手

④ ついたち
一日

⑥ はつか
二十日

⑧ ふたり
二人

① おとな
大人

③ たなばた
七夕

⑤ ふつか
二日

⑦ ひとり
一人

⑨ へた
下手

がんばって れんしゅうしたね！

レックス　スティーブ

てん
月　日
月　日

1 かずに かんする かんじ①

② ①いち ②に
③ふた ④み

③ ①一 ②二
③三 ④三

ポイント
漢字の書き順は、低学年ではとくに丁寧に指導します。やさしい漢数字から学びます。また、③の③・④の「三」の二画目は、一画目よりやや短くなることに注意しましょう。

2 かずに かんする かんじ②

② ①よう ②よん
③いつ ④むっ

③ ①四 ②五
③六 ④六

ポイント
③の①の「四」には、「し」「よ」「よ（ん）」「よっ（つ）」「よん」などの読み方があります。「四」の四画目は右に曲げます。

3 かずに かんする かんじ③

② ①なな ②はち
③きゅう ④じっ

③ ①七 ②八
③九 ④十 十

ポイント
②の④の「十ぴき」の「十」は「じゅっ」とも読みます。③の①の「七」の読み方は「ひち」ではなく「しち」です。③の「九」は、縦画を先に書きます。

4 6〜11ページの まとめ ミニテスト

① ①ひと ②ふた ③さん
④し ⑤ご

② ①六 ②七 ③八
④九 ⑤十

③
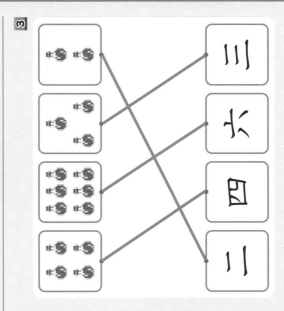

ポイント
漢数字は、数えるものによって読み方が変わることに気をつけましょう。

5 アイテムに かんする かんじ

② ①せき ②し
③いと ④きん

③ ①石 ②石
③糸 ④金

ポイント
③の③の「糸」は六画です。④の「金」は曜日でも使われます。他の曜日には、「月」「火」「水」「木」「土」「日」があります。関連づけて覚えるとよいでしょう。

6 いろに かんする かんじ

② ①しろ ②はく
③あか ④あお

③ ①白 ②赤
③青 ④青

ポイント
③の①の「白」は、「百」「日」と形が似ているので注意しましょう。

耳（みみ）　口（くち）　手（て）　足（あし）　目（め）

③
② ①立　②目　③耳　④目　⑤見　　足
① ①あか　②い　③め　④みみ　⑤て

9　14〜21ページの まとめ ミニテスト

ポイント
③④の「目」と、④の「見」は形が似ているので注意しましょう。

③ ①耳　②目　③足　④見　⑤見
② ①め　②みみ　③あし　④みる　⑤みる

8　からだに かんする かん字②

ポイント
③の「手」の縦画は、最後に書きます。③・②の「口」は下を上へ合わせて書きます。

③ ①口　②手　③立　④手
② ①くち　②たり　③て　④たち　⑤たつ

7　からだに かんする かん字①

---

② ①ゆう　②あう　③まあ　④まあ
③きう

14　天気に かんする かん字①

ポイント
②の「木」は、「木」の漢字の最後の横画の「一」を書きます。

③ ①花　②本　③町　④火　⑤木
② ①休　②本　③休　④火　⑤木
① ①と　②か　③…

13　24〜29ページの まとめ ミニテスト

ポイント
③の「本」は、鉛筆など細長いものを数えるときに使う助数詞です。

③ ①本　②休　③花　④町
② ①はな　②まち　③やすむ　④…

12　きせつに かんする かん字③

ポイント
③④の「火」・②①の「水」は、左→右、中→左右、真ん中の縦画を最初に書きます。

③ ①水　②木　③火　④火
② ①み　②へ…

11　きせつに かんする かん字②

ポイント
②③の「三」、②の「川」は、形が似ているので注意しましょう。③①②の「入」は、「人」のつくりに気をつけましょう。

③ ①川　②入　③人　④人
② ①かわ　②はいる　③ひと　④つち

10　かずに かんする かん字①

3 ①ゆう ②てん
　③つき ④つき

ポイント
2の③の「天の川」や3の②の「天気」のように同じ「天」でも読み方が異なる場合は、その漢字が使われている短い言葉で覚えるとよいでしょう。

15 天気に かんする かん字②

2 ①こう ②き
　③くう ④あめ
3 ①日 ②気
　③空 ④雨

ポイント
2の④の「雨」を「あま」と読む言葉には「雨がえる」「雨水」などもあります。このように読み方が変わる漢字には「上（うえ・うわ）」「白（しろ・しら）」などがあります。

16 ベイオームに かんする かん字①

2 ①ひと ②やま
　③さん ④ちく
3 ①人 ②山
　③山 ④竹

ポイント
2の①の「村人」の「人」は、「ひと」と読みます。3の①の「人」は、「入」と形が似ているので注意しましょう。

17 ベイオームに かんする かん字②

2 ①むら ②はやし
　③そう ④もり
3 ①村 ②林
　③草 ④森林

ポイント
3の②の「林」の四画目は止めますが、最後の八画目は払います。注意しましょう。

18 32～39ページの まとめの ミニテスト

1 ①てん ②げつ ③ひ
　④け ⑤から
2 ①山 ②竹 ③草
　④林 ⑤森 ⑥森林

3 ①竹 ②人 ③草
　④雨 ⑤空

ポイント
3の⑤の「空」には「そら」「あ（く）」「あ（ける）」「から」の四つの訓読みがあります。「空」が使われている短い言葉で覚えるとよいでしょう。

19 大きさに かんする かん字

2 ①だい ②なか
　③こ ④ちい
3 ①大 ②大
　③中 ④大中小

ポイント
3の③・④の「中」の縦画は最後に書きますが、④の「小」の縦画は最初に書くことに注意しましょう。

20 むきに かんする かん字

2 ①うえ ②お
　③みぎ ④ひだり
3 ①上 ②上
　③下 ④右左

ポイント
3の④の「右」の一画目は「ノ」ですが、「左」の一画目は「一」になります。注意しましょう。

21 そうちに かんする かん字①

2 ①りょく ②りき
　③ただ ④で
3 ①力 ②正
　③正 ④出

ポイント
2の①・②の「力」の音読みには「リョク」と「リキ」があります。「力」が使われている短い言葉で覚えるとよいでしょう。

22 そうちに かんする かん字②

2 ①そう ②しゃ
　③ね ④おん
3 ①早 ②車
　③車 ④音

78

③ ①田 ②虫
　③虫 ④貝

ポイント
③ ②の④「貝」の読み方は「かい」とにごります。
③ ③の④の「貝」は「見」と形が似ているので注意しましょう。

31 60〜65ページの まとめの ミニテスト

1 ①せん ②まる ③たま
　④ひゃく ⑤に

2 ①王 ②大 ③田
　④虫 ⑤貝

3 ①千 ②百 ③玉
　④見 ⑤大

ポイント
③ の①〜⑤はすべて間違えやすい漢字です。ここでしっかりおさらいしましょう。

32 まとめの テスト（1）

なぞなぞ1の こたえ

なぞなぞ1

①空から ふって くる
あまい おかしは
なに？

②よ空で ひかって
いる「花」は なに？

③空に さくけど
すぐに きえて
しまう はなは なに？

④上から よんでも
下から よんでも
おなじ ねこは なに？

こたえ
子（ねこ）
雨（あめ）
花火（はなび）
月（つき）

なぞなぞ2の こたえ

なぞなぞ2

①とても きれいな
かわだけど 水が ない
かわは なに？

②うまは うまでも
三本足の うまは
なに？

③赤や くろの いろの
ふくを きた
おしゃれな むしは
なに？

④赤や くろの いろを
して いても きんと
よばれる さかなは
なに？

⑤おおきな ふくを きて
いる ひとが たくさん
もの ものは なに？

⑥むかし 日に つかう
ふくろは なに？

こたえ
竹（たけ）
虫（むし）
手（てぶくろ）
天（あま）の川（がわ）
金（きん）
大（だい）ふく

33 まとめの テスト（2）

1

35 かん字のとくべつなよみかたをする

小学校で、次の特別な読み方をする言葉を学習します。
（74ページの言葉も含みます。）

① おし
② せ
③ おし
④ せ
⑤ おお
⑥ はい
⑦ かみ
⑧ はな
⑨ よん
⑩ し
⑪ に
⑫ おし
⑬ へい
⑭ そら

34 まとめ テスト（３）

ポイント

すべての漢字の書き順を確認して取り組むとよいでしょう。

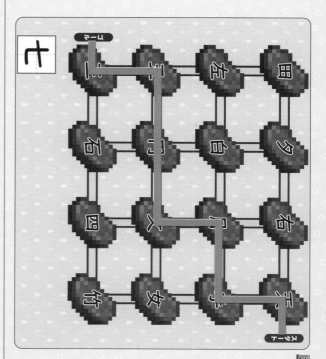